පාළි - සිංහල
මහා සතිපට්ඨාන
සූත්‍ර දේශනාව

සජ්ඣායනාවට ඉතා සුදුසුය

සම්පාදනය:-

පූජ්‍යපාද කිරිබත්ගොඩ ඤාණානන්ද ස්වාමීන් වහන්සේ

මහා සතිපට්ඨාන සූත්‍ර දේශනාව

පූජ්‍ය කිරිබත්ගොඩ ඤාණානන්ද ස්වාමීන් වහන්සේ

© සියලුම හිමිකම් ඇවිරිණි.

ISBN : 978-955-687-154-8

ප්‍රථම මුද්‍රණය : ශ්‍රී බු.ව. 2561 ක් වූ මැදින් මස පුන් පොහෝ දින

සම්පාදනය : මහමෙව්නාව භාවනා අසපුව
වඩුවාව, යටිගල්ඔළුව, පොල්ගහවෙල.
දුර : 037 2244602
info@mahamevnawa.lk | www.mahamevnawa.lk

පරිගණක අකුරු සැකසුම, පිටකවර නිර්මාණය සහ ප්‍රකාශනය :
මහාමේඝ ප්‍රකාශකයෝ
වඩුවාව, යටිගල්ඔළුව, පොල්ගහවෙල.
දුර : 037 2053300, 0768255703
mahameghapublishers@gmail.com

මුද්‍රණය : තරංජී ප්‍රින්ටර්ස්,
506, හයිලෙවල් පාර, නාවින්න, මහරගම.
ටෙලි: 011-2801308 / 011-5555265

"දසබලසේලප්පභවා නිබ්බානමහාසමුද්දපරියන්තා
අට්ඨංග මග්ගසලිලා ජිනවචනනදී චිරං වහතූති"

දසබලයන් වහන්සේ නමැති ශෛලමය පර්වතයෙන් පැන නැගී
අමා මහා නිවන නම් වූ මහා සාගරය අවසන් කොට ඇති
ආර්ය අෂ්ටාංගික මාර්ගය නම් වූ සිහිල් දිය දහරින් හෙබි
උතුම් ශ්‍රී මුඛ බුද්ධ වචන ගංගාවෝ
(ලෝ සතුන්ගේ සසර දුක නිවාලමින්)
බොහෝ කල් ගලාබස්නා සේක්වා !

(සළායතන සංයුත්තය - උද්දාන ගාථා)

පෙරවදන

පින්වත්නි, පින්වත් දරුවනි,

මා විසින් මෙයට පෙර 'ඒ අමා නිවන් සුව බොහෝ දුර නොවේ' යන හිසින් මහා සතිපට්ඨාන සූත්‍රය පිළිබඳව සවිස්තරාත්මක අර්ථ වර්ණනාවක් සූත්‍ර දේශනාවලින් කරුණු උපුටා දක්වමින් ඉදිරිපත් කරන ලදී. එම ග්‍රන්ථය සැදැහැවත් බෞද්ධ ජනයාගේ නොමඳ සම්භාවනාවට පාත්‍ර විය.

නමුත් මහා සතිපට්ඨාන සූත්‍රය පාළියෙන් හා සිංහලෙන් සජ්ඣායනාවට සුදුසු ආකාරයෙන් සකස් කර දෙන්නැයි සැදැහැවතුන් විසින් බොහෝ කලක් තිස්සේ මාගෙන් ඉල්ලා සිටිය ද අනවකාශ හේතුවෙන් එය මෙතෙක් පමා විය. දැන් මේ ඉටුවන්නේ ඒ සැදැහැවතුන්ගේ ඉල්ලීම යි.

යමෙක් තම නිවසෙහි නිස්කලංක තැනක හෝ මහා සෑ මළුවක හෝ බෝ සෙවණක හෝ සුදුසු තැනක හිඳ මේ පාළි - සිංහල මහා සතිපට්ඨාන දේශනාව මිහිරි හඬින් සජ්ඣායනා කරන්නේ නම් ඒ තුළින් නිර්මල තථාගත ශ්‍රී සද්ධර්මය සජ්ඣායනා කිරීමේ මහා කුසලයත් ධර්ම මනසිකාර මහා කුසලයත් එක්වර රැස්කරගත හැකිය. මෙම ග්‍රන්ථයෙහි සජ්ඣායනයට පහසුවන ආකාරයෙන් නැවතිය යුතු තැන / ලකුණින් සටහන් කොට තිබෙන්නේ ඔබගේ පහසුව පිණිස ම ය.

මේ මහා සතිපට්ඨාන සූත්‍රය සජ්ඣායනා කරද්දී ඔබට චතුරාර්ය සත්‍යය යනු කුමක්දැයි ඉතා පැහැදිලි අර්ථ විවරණයක් බුද්ධ වචනය තුළින් ම ලබාගැනීමේ භාග්‍යය හිමිවනු ඇත. එහෙයින් මේ මහා සතිපට්ඨාන සූත්‍රය ඉතා සැදැහැ සිතින් යුක්තව අර්ථ මනසිකාරයෙන් යුක්තව මිහිරට සජ්ඣායනා කිරීමෙන් උත්කෘෂ්ට වූ කුසලයක් උපදවාගෙන ඒ ආනුභාවයෙන් ඔබට මේ ගෞතම බුදු සසුනේ උතුම් චතුරාර්ය සත්‍ය ධර්මය අවබෝධ කිරීමේ වාසනාව උදාවේවා! යි සෙත් පතමි.

මෙයට,
ගෞතම බුදු සසුන තුළ,
මෙත් සිතින්,
කිරිබත්ගොඩ ඤාණානන්ද හිමි

නමෝ තස්ස භගවතෝ අරහතෝ සම්මා සම්බුද්ධස්ස
නමෝ තස්ස භගවතෝ අරහතෝ සම්මා සම්බුද්ධස්ස
නමෝ තස්ස භගවතෝ අරහතෝ සම්මා සම්බුද්ධස්ස

ඒ භාග්‍යවත් වූ අර්හත් වූ / සම්මා සම්බුදුරජාණන් වහන්සේට / මාගේ නමස්කාරය වේවා!

මහා සතිපට්ඨාන සුත්තං

(මහා සතිපට්ඨාන සූත්‍රය)

ඒවං මේ සුතං: / ඒකං සමයං භගවා / කුරූසු විහරති කම්මාස්සදම්මං නාම කුරූනං නිගමෝ. / තත්‍ර බෝ භගවා භික්ඛූ ආමන්තේසි, / භික්ඛවෝ'ති. / භදන්තේ'ති තේ භික්ඛූ භගවතෝ පච්චස්සෝසුං. / භගවා ඒතදවෝච: /

මා විසින් මෙසේ අසන ලදී. / එක් සමයක භාග්‍යවත් බුදුරජාණන් වහන්සේ / කුරු ජනපදයෙහි / කම්මාස්සදම්ම නම් වූ කුඩා නගරයෙහි / වෙහෙරක වැඩවසන සේක. / එකල්හි භාග්‍යවතුන් වහන්සේ / 'පින්වත් මහණෙනි'යි කියා / භික්ෂු සංඝයා අමතා වදාළ සේක. / 'පින්වතාණන් වහන්සැ'යි කියා / ඒ භික්ෂූන් වහන්සේලා / භාග්‍යවතුන් වහන්සේට පිළිතුරු දුන්නාහුය. / භාග්‍යවතුන් වහන්සේ / මේ සතිපට්ඨාන සද්ධර්ම දේශනය / වදාළ සේක. /

ඒකායනෝ අයං භික්ඛවේ, මග්ගෝ / සත්තානං විසුද්ධියා / සෝකපරිද්දවානං සමතික්කමාය / දුක්ඛදෝමනස්සානං අත්ථංගමාය/ ඤායස්ස අධිගමාය / නිබ්බානස්ස සච්ඡිකිරියාය / යදිදං චත්තාරෝ සතිපට්ඨානා. / කතමේ චත්තාරෝ? /

පින්වත් මහණෙනි, / සතර සතිපට්ඨාන යනුවෙන් යම් මේ ධර්මයක් ඇද්ද / මෙය වනාහී / සත්වයන්ගේ පිරිසිදු බව පිණිස ද, / සෝක වැලපීම් ඉක්මවා යාම පිණිස ද, / කායික මානසික දුක් දොම්නස් නැතිවීම පිණිස ද, / ආර්ය අෂ්ටාංගික මාර්ගයට පැමිණීම පිණිස ද,/ අමා මහ නිවන සාක්ෂාත් කිරීම පිණිස ද පවතින්නා වූ / ඒකායන විමුක්ති මාර්ගය යි. / ඒ සතර සතිපට්ඨානය කුමක් ද? /

ඉධ භික්ඛවේ, භික්ඛු / කායේ කායානුපස්සී විහරති / ආතාපී සම්පජානෝ සතිමා / විනෙය්‍ය ලෝකේ අභිජ්ඣාදෝමනස්සං. /

පින්වත් මහණෙනි, / මේ ධර්මයෙහි හැසිරෙනු කැමති ශ්‍රාවකයා/ කෙලෙස් තවන වීරියෙන් යුතුව / වටහා ගැනීමේ නුවණින් යුතුව / මනා අවධානයෙන් යුතුව / ලෝකයෙහි ඇලීම් ගැටීම් බැහැර කොට / මේ ශරීරයෙහි පවතින සැබෑ තත්වය / අවබෝධයෙන් ම දකිමින් / කායානුපස්සනාවෙන් වාසය කරයි. /

වේදනාසු වේදනානුපස්සී විහරති / ආතාපී සම්පජානෝ සතිමා / විනෙය්‍ය ලෝකේ අභිජ්ඣාදෝමනස්සං. /

කෙලෙස් තවන වීරියෙන් යුතුව / වටහා ගැනීමේ නුවණින් යුතුව/ මනා අවධානයෙන් යුතුව / ලෝකයෙහි ඇලීම් ගැටීම් බැහැර කොට/ සැප දුක් උපේක්ෂා විඳීම් පිළිබඳ සැබෑ තත්වය / අවබෝධයෙන් ම දකිමින්/ වේදනානුපස්සනාවෙන් වාසය කරයි. /

චිත්තේ චිත්තානුපස්සී විහරති / ආතාපී සම්පජානෝ සතිමා / විනෙය්‍ය ලෝකේ අභිජ්ඣාදෝමනස්සං. /

කෙලෙස් තවන වීරියෙන් යුතුව / වටහා ගැනීමේ නුවණින් යුතුව / මනා අවධානයෙන් යුතුව / ලෝකයෙහි ඇලීම් ගැටීම් බැහැර කොට / සිත පිළිබඳ සැබෑ තත්වය / අවබෝධයෙන් ම දකිමින් / චිත්තානුපස්සනාවෙන් වාසය කරයි.

ධම්මේසු ධම්මානුපස්සී විහරති / ආතාපී සම්පජානෝ සතිමා / විනෙය්‍ය ලෝකේ අභිජ්ඣාදෝමනස්සං. /

කෙලෙස් තවන වීරියෙන් යුතුව / වටහා ගැනීමේ නුවණින් යුතුව / මනා අවධානයෙන් යුතුව / ලෝකයෙහි ඇලීම් ගැටීම් බැහැර කොට / ධර්මයන් පිළිබඳ සැබෑ තත්වය / අවබෝධයෙන්ම දකිමින් / ධම්මානුපස්සනාවෙන් වාසය කරයි. /

කථඤ්ච භික්ඛවේ භික්ඛු කායේ කායානුපස්සී විහරති. /

පින්වත් මහණෙනි, / මේ ධර්මයෙහි හැසිරෙනු කැමති ශ්‍රාවකයා/ මේ ශරීරයේ පවතින සැබෑ තත්වය / අවබෝධයෙන් ම දකිමින් / කායානුපස්සනා භාවනාවෙන් / වාසය කරන්නේ කෙසේද?

ඉධ භික්ඛවේ, භික්ඛු / අරඤ්ඤගතෝ වා රුක්ඛමූලගතෝ වා සුඤ්ඤාගාරගතෝ වා / නිසීදති පල්ලංකං ආභුජිත්වා / උජුං කායං පණිධාය / පරිමුඛං සතිං උපට්ඨපෙත්වා. / සෝ සතෝ'ව අස්සසති, / සතෝ'ව පස්සසති. / දීඝං වා අස්සසන්තෝ දීඝං අස්සසාමී'ති පජානාති./ දීඝං වා පස්සසන්තෝ දීඝං පස්සසාමී'ති පජානාති. / රස්සං වා අස්සසන්තෝ රස්සං අස්සසාමී'ති පජානාති. / රස්සං වා පස්සසන්තෝ රස්සං පස්සසාමී'ති පජානාති. /

පින්වත් මහණෙනි, / මෙහිලා මේ ධර්මයෙහි හැසිරෙනු කැමති ශ්‍රාවකයා / නිහඬ වනයකට හෝ යයි. / රුක් සෙවනකට හෝ යයි./ විවේක තැනකට හෝ යයි. / එහිදී හෙතෙම / උඩුකය ඍජුව තබාගෙන / පළඟක් බැඳගෙන වාඩිවෙයි. / ඉන්පසු හෙතෙම / භාවනා කළයුතු අරමුණ කෙරෙහි / මනා අවධානය යොමු කොට / සිහියෙන් යුතුව ම ආශ්වාස කරයි. / සිහියෙන් යුතුව ම ප්‍රශ්වාස කරයි. / දීර්ඝ ලෙස හෝ ආශ්වාස කරන විට / දීර්ඝ ලෙස ආශ්වාස කරන බව / හොඳින් තේරුම් ගනී. / දීර්ඝ ලෙස හෝ ප්‍රශ්වාස කරන විට / දීර්ඝ ලෙස ප්‍රශ්වාස කරන බව / හොඳින් තේරුම් ගනී. / කෙටියෙන් හෝ ආශ්වාස කරන විට / කෙටියෙන් ආශ්වාස කරන බව / හොඳින් තේරුම් ගනී. / කෙටියෙන් හෝ ප්‍රශ්වාස කරන විට / කෙටියෙන් ප්‍රශ්වාස කරන බව / හොඳින් තේරුම් ගනී. /

සබ්බකායපටිසංවේදී අස්සසිස්සාමී'ති සික්ඛති. / සබ්බකායපටිසංවේදී පස්සසිස්සාමී'ති සික්ඛති. / පස්සම්භයං කායසංඛාරං අස්සසිස්සාමී'ති සික්ඛති. / පස්සම්භයං කායසංඛාරං පස්සසිස්සාමී'ති සික්ඛති. /

මුළු කය ම හොඳින් තේරුම් ගනිමින් / ආශ්වාස කරන්නෙමි'යි / පුරුදු පුහුණු කරයි / මුළු කය ම හොඳින් තේරුම් ගනිමින් / ප්‍රශ්වාස කරන්නෙමි'යි / පුරුදු පුහුණු කරයි / හුස්ම ගැනීම සැහැල්លු බවට පත්කරවමින් / ආශ්වාස කරන්නෙමි'යි / පුරුදු පුහුණු කරයි. / හුස්ම හෙළීම සැහැල්ලු බවට පත්කරවමින් / ප්‍රශ්වාස කරන්නෙමි'යි / පුරුදු පුහුණු කරයි. /

සෙය්‍යථාපි භික්ඛවේ, දක්ඛෝ භමකාරෝ වා භමකාරන්තේවාසී වා / දීඝං වා අඤ්ඡන්තෝ දීඝං අඤ්ඡාමී'ති පජානාති. / රස්සං වා අඤ්ඡන්තෝ රස්සං අඤ්ඡාමී'ති පජානාති. /

පින්වත් මහණෙනි, / දක්ෂ වඩුවෙක් හෝ / එම වඩුවාගේ අතවැසියෙක් හෝ / දීර්ඝ ලෙස හෝ යතු ගාන්නේ නම් / දීර්ඝ ලෙස යතු ගාන බව / හොඳින් තේරුම් ගන්නේ යම් අයුරකින් ද / කෙටියෙන් හෝ යතු ගාන්නේ නම් / කෙටියෙන් යතු ගාන බව / හොඳින් තේරුම් ගන්නේ යම් අයුරකින් ද /

ඒවමේව ඛෝ භික්ඛවේ, භික්ඛු / දීඝං වා අස්සසන්තෝ දීඝං අස්සසාමී'ති පජානාති. / දීඝං වා පස්සසන්තෝ දීඝං පස්සසාමී'ති පජානාති. / රස්සං වා අස්සසන්තෝ රස්සං අස්සසාමී'ති පජානාති. / රස්සං වා පස්සසන්තෝ රස්සං පස්සසාමී'ති පජානාති. /

පින්වත් මහණෙනි, / ඒ ආකාරයෙන් ම / මේ ධර්මයෙහි හැසිරෙනු කැමැති ශ්‍රාවකයා / දීර්ඝ ලෙස හෝ ආශ්වාස කරන විට / දීර්ඝ ලෙස ආශ්වාස කරන බව / හොඳින් තේරුම් ගනී. / දීර්ඝ ලෙස හෝ ප්‍රශ්වාස කරන විට / දීර්ඝ ලෙස ප්‍රශ්වාස කරන බව / හොඳින් තේරුම් ගනී./ කෙටියෙන් හෝ ආශ්වාස කරන විට / කෙටියෙන් ආශ්වාස කරන බව / හොඳින් තේරුම් ගනී. / කෙටියෙන් හෝ ප්‍රශ්වාස කරන විට / කෙටියෙන් ප්‍රශ්වාස කරන බව / හොඳින් තේරුම් ගනී. /

සබ්බකායපටිසංවේදී අස්සසිස්සාමී'ති සික්ඛති. / සබ්බකායපටිසංවේදී පස්සසිස්සාමී'ති සික්ඛති. / පස්සම්භයං කායසංඛාරං අස්සසිස්සාමී'ති සික්ඛති. / පස්සම්භයං කායසංඛාරං පස්සසිස්සාමී'ති සික්ඛති. /

මුළු කය ම හොඳින් තේරුම් ගනිමින් / ආශ්වාස කරන්නෙමි'යි / පුරුදු පුහුණු කරයි. / මුළු කය ම හොඳින් තේරුම් ගනිමින් / ප්‍රශ්වාස කරන්නෙමි'යි / පුරුදු පුහුණු කරයි. / හුස්ම ගැනීම සැහැල්ලු බවට පත්කරවමින් / ආශ්වාස කරන්නෙමි'යි / පුරුදු පුහුණු කරයි. / හුස්ම හෙළීම සැහැල්ලු බවට පත්කරවමින් / ප්‍රශ්වාස කරන්නෙමි'යි / පුරුදු පුහුණු කරයි. /

ඉති අජ්ඣත්තං වා කායේ කායානුපස්සී විහරති. / බහිද්ධා වා කායේ කායානුපස්සී විහරති. / අජ්ඣත්තබහිද්ධා වා කායේ කායානුපස්සී විහරති. /

මේ ආකාරයෙන් / තමාගේ ආශ්වාස ප්‍රශ්වාස පිළිබඳ හෝ / සැබෑ තත්වය අවබෝධයෙන් ම දකිමින් / කායානුපස්සනාවෙන් වාසය කරයි. / අනුන්ගේ ආශ්වාස ප්‍රශ්වාස පිළිබඳ හෝ / සැබෑ තත්වය අවබෝධයෙන්ම

දකිමින් / කායානුපස්සනාවෙන් වාසය කරයි. / තමාගේ ආශ්වාස ප්‍රශ්වාස පිළිබඳ හෝ / අනුන්ගේ ආශ්වාස ප්‍රශ්වාස පිළිබඳ හෝ / සැබෑ තත්වය අවබෝධයෙන් ම දකිමින් / ආනාපානසති කායානුපස්සනාවෙන් වාසය කරයි. /

සමුදයධම්මානුපස්සී වා කායස්මිං විහරති. / වයධම්මානුපස්සී වා කායස්මිං විහරති. / සමුදයවයධම්මානුපස්සී වා කායස්මිං විහරති. /

ආශ්වාස ප්‍රශ්වාසයන් / හටගන්නා ආකාරය හෝ / අවබෝධයෙන් ම දකිමින් / කායානුපස්සනාවෙන් වාසය කරයි. / ආශ්වාස ප්‍රශ්වාසයන් / නැසීයන ආකාරය හෝ / අවබෝධයෙන් ම දකිමින් / කායානුපස්සනාවෙන් වාසය කරයි. / ආශ්වාස ප්‍රශ්වාසයන් / හටගන්නා ආකාරය හෝ / නැසී යන ආකාරය හෝ / අවබෝධයෙන් ම දකිමින්/ ආනාපානසති කායානුපස්සනාවෙන් වාසය කරයි. /

අත්ථි කායෝ'ති වා පනස්ස සති පච්චුපට්ඨිතා හෝති. / යාවදේව ඤාණමත්තාය පතිස්සතිමත්තාය / අනිස්සිතෝ ච විහරති. / න ච කිඤ්චි ලෝකේ උපාදියති. /

ආශ්වාස ප්‍රශ්වාසයෙන් යුක්ත වූ කයක් හෝ පවතින්නේ යයි/ ඔහුගේ සිහි නුවණ මනාව පිහිටන්නේය. / එය වනාහී ඔහු හට / තවදුරටත් අවබෝධ ඤාණය දියුණු කරගැනීම පිණිස ද / සිහිනුවණ බලවත් කරගැනීම පිණිස ද උපකාරී වෙයි. / ලෝකයෙහි කිසිවක් කිසිම අයුරකින්/ මාගේ කියා හෝ මම වෙමි යි කියා හෝ / මාගේ ආත්මය කියා හෝ / දැඩිව අල්ලා නොගෙන වාසය කරයි. /

ඒවම්පි බෝ භික්ඛවේ, භික්ඛු / කායේ කායානුපස්සී විහරති. /

ඔය ආකාරයෙනුත් පින්වත් මහණෙනි, / මේ ධර්මයෙහි හැසිරෙනු කැමති ශ්‍රාවකයා / කයෙහි පවතින සැබෑ තත්වය / අවබෝධයෙන්ම දකිමින් / කායානුපස්සනා සතිපට්ඨානයෙන් යුතුව / වාසය කරන්නේ වෙයි. /

පුන ච පරං භික්ඛවේ, භික්ඛු / ගච්ඡන්තෝ වා ගච්ඡාමීති පජානාති./ ඨිතෝ වා ඨිතොම්හීති පජානාති. / නිසින්නෝ වා නිසින්නොම්හීති පජානාති. / සයානෝ වා සයානොම්හීති පජානාති. / යථා යථා වා පනස්ස කායෝ පණිහිතෝ හෝති, / තථා තථා නං පජානාති. /

නැවත වෙනත් කායානුපස්සනා භාවනාවක් පවසමි. / පින්වත් මහණෙනි, / මේ ධර්මයෙහි හැසිරෙනු කැමති ශ්‍රාවකයා / ගමන් කරන විට හෝ / තමා ගමන් කරමින් සිටින බව / හොඳින් තේරුම් ගනී. / නැවතී සිටින විට හෝ / තමා නැවතී සිටින බව / හොඳින් තේරුම් ගනී. / හිඳගෙන සිටින විට හෝ / තමා හිඳගෙන සිටින බව / හොඳින් තේරුම් ගනී. / සැතපී සිටින විට හෝ / තමා සැතපී සිටින බව / හොඳින් තේරුම් ගනී. / ඔහුගේ ශරීරය යම් යම් ආකාරයකින් ඉරියව් පවත්වාගෙන යයි ද / ඒ ඒ ආකාරයන් හොඳින් තේරුම් ගනී. /

ඉති අජ්ඣත්තං වා කායේ කායානුපස්සී විහරති. / බහිද්ධා වා කායේ කායානුපස්සී විහරති. / අජ්ඣත්තබහිද්ධා වා කායේ කායානුපස්සී විහරති. /

මේ ආකාරයෙන් / තමාගේ ශරීරයෙහි ඉරියව් පිළිබඳ හෝ / සැබෑ තත්වය අවබෝධයෙන් ම දකිමින් / කායානුපස්සනාවෙන් වාසය කරයි. / අනුන්ගේ ශරීරයෙහි ඉරියව් පිළිබඳ හෝ / සැබෑ තත්වය අවබෝධයෙන්ම දකිමින් / කායානුපස්සනාවෙන් වාසය කරයි. / තමාගේ ශරීරයෙහි ඉරියව් පිළිබඳ හෝ / අනුන්ගේ ශරීරයෙහි ඉරියව් පිළිබඳ හෝ / සැබෑ තත්වය අවබෝධයෙන් ම දකිමින් / ඉරියව් පිළිබඳ කායානුපස්සනාවෙන් වාසය කරයි. /

සමුදයධම්මානුපස්සී වා කායස්මිං විහරති. / වයධම්මානුපස්සී වා කායස්මිං විහරති. / සමුදයවයධම්මානුපස්සී වා කායස්මිං විහරති. /

ශරීරයෙහි සෑම ඉරියව්වක් ම / හටගන්නා ආකාරය හෝ / අවබෝධයෙන් ම දකිමින් / කායානුපස්සනාවෙන් වාසය කරයි. / ශරීරයෙහි සෑම ඉරියව්වක් ම / නැසීයන ආකාරය හෝ / අවබෝධයෙන් ම දකිමින් / කායානුපස්සනාවෙන් වාසය කරයි. / ශරීරයෙහි සෑම ඉරියව්වක් ම / හටගන්නා ආකාරය හෝ / නැසී යන ආකාරය හෝ / අවබෝධයෙන් ම දකිමින් / ඉරියව් පිළිබඳ කායානුපස්සනාවෙන් වාසය කරයි. /

අත්ථි කායෝ'ති වා පනස්ස සති පච්චුපට්ඨිතා හෝති. / යාවදේව ඤාණමත්තාය පතිස්සතිමත්තාය / අනිස්සිතෝ ච විහරති. / න ච කිඤ්චි ලෝකේ උපාදියති. /

නොයෙක් ඉරියව්වලින් යුක්ත වූ කයක් හෝ පවතින්නේ යයි/ ඔහුගේ සිහි නුවණ මනාව පිහිටන්නේය. / එය වනාහී ඔහු හට / තවදුරටත් අවබෝධ ඤාණය දියුණු කරගැනීම පිණිස ද / සිහිනුවණ බලවත් කරගැනීම පිණිස ද උපකාරී වෙයි. / ලෝකයෙහි කිසිවක් කිසිම අයුරකින්/ මාගේ කියා හෝ මම වෙමි යි කියා හෝ / මාගේ ආත්මය කියා හෝ / දැඩිව අල්ලා නොගෙන වාසය කරයි. /

ඒවම්පි ඛෝ භික්ඛවේ, භික්ඛු / කායේ කායානුපස්සී විහරති. /

ඔය ආකාරයෙනුත් පින්වත් මහණෙනි, / මේ ධර්මයෙහි හැසිරෙනු කැමති ශ්‍රාවකයා / කයෙහි පවතින සැබෑ තත්වය / අවබෝධයෙන්ම දකිමින් / කායානුපස්සනා සතිපට්ඨානයෙන් යුතුව / වාසය කරන්නේ වෙයි. /

පුන ච පරං භික්ඛවේ, භික්ඛු / අභික්කන්තේ පටික්කන්තේ සම්පජානකාරී හෝති. / ආලෝකිතේ විලෝකිතේ සම්පජානකාරී හෝති. / සම්මිඤ්ජිතේ පසාරිතේ සම්පජානකාරී හෝති. / සංඝාටිපත්තචීවරධාරණේ සම්පජානකාරී හෝති. / අසිතේ පීතේ ඛායිතේ සායිතේ සම්පජානකාරී හෝති. / උච්චාරපස්සාවකම්මේ සම්පජානකාරී හෝති. / ගතේ ඨිතේ නිසින්නේ සුත්තේ ජාගරිතේ භාසිතේ තුණ්හීභාවේ සම්පජානකාරී හෝති. /

නැවත වෙනත් කායානුපස්සනා භාවනාවක් පවසමි. / පින්වත් මහණෙනි, / මේ ධර්මයෙහි හැසිරෙනු කැමති ශ්‍රාවකයා / ඉදිරියට ගමන් කරන විට / ආපසු හැරී එන විට / අවබෝධයෙන් යුතුව ම එය කරන්නේ වෙයි. / ඉදිරිපස බලන විට / වටපිට බලන විට / අවබෝධයෙන් යුතුව ම එය කරන්නේ වෙයි. / අත්පා හකුලන විට දිගහරින විට / අවබෝධයෙන් යුතුව ම එය කරන්නේ වෙයි. / පාත්‍රය ද දෙපොට සිවුර හා පොරවන සිවුරු ද / සෑම දෙයක් ම පරිහරණය කරන විට / අවබෝධයෙන් යුතුව ම එය කරන්නේ වෙයි. / යමක් වළඳින විට පානය කරන විට / කවර හෝ ආහාරයක් රස විඳින විට / අවබෝධයෙන් යුතුව ම එය කරන්නේ වෙයි. / වැසිකිළි කැසිකිළි කරන විට පවා / අවබෝධයෙන් යුතුව ම එය කරන්නේ වෙයි. / ගමන්කරන විට / නැවතී සිටින විට වාඩිවී සිටින විට/ සැතපී සිටින විට නොනිදා සිටින විට / කථා බස් කරනවිට නිහඬව සිටිනවිට / අවබෝධයෙන් යුතුව ම එය කරන්නේ වෙයි. /

ඉති අජ්ඣත්තං වා කායේ කායානුපස්සී විහරති. / බහිද්ධා වා කායේ කායානුපස්සී විහරති. / අජ්ඣත්තබහිද්ධා වා කායේ කායානුපස්සී විහරති. /

මේ ආකාරයෙන් / තමා විසින් කරන ක්‍රියාවන් පිළිබඳ හෝ / සැබෑ තත්වය අවබෝධයෙන් ම දකිමින් / කායානුපස්සනාවෙන් වාසය කරයි. / අනුන් විසින් කරන ක්‍රියාවන් පිළිබඳ හෝ / සැබෑ තත්වය අවබෝධයෙන්ම දකිමින් / කායානුපස්සනාවෙන් වාසය කරයි. / තමා විසින් කරන ක්‍රියාවන් පිළිබඳ හෝ / අනුන් විසින් කරන ක්‍රියාවන් පිළිබඳ හෝ / සැබෑ තත්වය අවබෝධයෙන් ම දකිමින් / සියලු ක්‍රියාවන් සිහිනුවණින් කරමින් / කායානුපස්සනාවෙන් වාසය කරයි. /

සමුදයධම්මානුපස්සී වා කායස්මිං විහරති. / වයධම්මානුපස්සී වා කායස්මිං විහරති. / සමුදයවයධම්මානුපස්සී වා කායස්මිං විහරති. /

ශරීරයෙන් කෙරෙන සෑම ක්‍රියාවක් ම / හටගන්නා ආකාරය හෝ/ අවබෝධයෙන් ම දකිමින් / කායානුපස්සනාවෙන් වාසය කරයි./ ශරීරයෙන් කෙරෙන සෑම ක්‍රියාවක් ම / නැසීයන ආකාරය හෝ / අවබෝධයෙන් ම දකිමින් / කායානුපස්සනාවෙන් වාසය කරයි. / ශරීරයෙන් කෙරෙන සෑම ක්‍රියාවක් ම / හටගන්නා ආකාරය හෝ / නැසී යන ආකාරය හෝ / අවබෝධයෙන් ම දකිමින් / සියලු ක්‍රියාවන් සිහිනුවණින් කරමින් / කායානුපස්සනාවෙන් වාසය කරයි. /

අත්ථි කායෝ'ති වා පනස්ස සති පච්චුපට්ඨිතා හෝති. / යාවදේව ඤාණමත්තාය පතිස්සතිමත්තාය / අනිස්සිතෝ ච විහරති. / න ච කිඤ්චි ලෝකේ උපාදියති. /

නොයෙක් ක්‍රියාවන්ගෙන් යුක්ත වූ කයක් හෝ පවතින්නේ යයි/ ඔහුගේ සිහි නුවණ මනාව පිහිටන්නේය. / එය වනාහී ඔහු හට / තවදුරටත් අවබෝධ ඤාණය දියුණු කරගැනීම පිණිස ද / සිහිනුවණ බලවත් කරගැනීම පිණිස ද උපකාරී වෙයි. / ලෝකයෙහි කිසිවක් කිසිම අයුරකින්/ මාගේ කියා හෝ මම වෙමි යි කියා හෝ / මාගේ ආත්මය කියා හෝ / දැඩිව අල්ලා නොගෙන වාසය කරයි. /

ඒවම්පි බෝ භික්ඛවේ, භික්ඛු / කායේ කායානුපස්සී විහරති. /

ඔය ආකාරයෙනුත් පින්වත් මහණෙනි, / මේ ධර්මයෙහි හැසිරෙනු

කැමති ශ්‍රාවකයා / කයෙහි පවතින සැබෑ තත්වය / අවබෝධයෙන්ම දකිමින් / කායානුපස්සනා සතිපට්ඨානයෙන් යුතුව / වාසය කරන්නේ වෙයි. /

පුන ච පරං භික්ඛවේ, භික්ඛු / ඉමමේව කායං උද්ධං පාදතලා අධො කේසමත්ථකා / තචපරියන්තං පූරං නානප්පකාරස්ස අසුචිනො පච්චවෙක්ඛති / අත්ථි ඉමස්මිං කායේ කේසා ලෝමා නඛා දන්තා තචෝ/ මංසං නහාරූ අට්ඨී අට්ඨිමිඤ්ජා වක්කං / හදයං යකනං කිලෝමකං පිහකං පප්ඵාසං / අන්තං අන්තගුණං උදරියං කරීසං මත්ථලුංගං / පිත්තං සෙම්හං පුබ්බෝ ලෝහිතං / සේදෝ මේදෝ අස්සු වසා ඛේළෝ/ සිංඝාණිකා ලසිකා මුත්තන්ති. /

නැවත වෙනත් කායානුපස්සනා භාවනාවක් පවසමි. / පින්වත් මහණෙනි, / මේ ධර්මයෙහි හැසිරෙනු කැමති ශ්‍රාවකයා / යටිපතුලෙන් උඩ සිට / හිසකෙස් වලින් පහළට / සමකින් සීමාවී පවතින / නොයෙක් අපිරිසිදු දෙයින් පිරී පවතින / මේ කය පිළිබඳව ම / අවබෝධයෙන් යුතුව විමසා බලයි. / මේ කයෙහි වනාහී / කෙස් ඇත්තේය, ලොම් ඇත්තේය,/ නිය පොතු ඇත්තේය, දත් ඇත්තේය, / සම ඇත්තේය, මස් ඇත්තේය,/ නහර වැල් ඇත්තේය, ඇට ඇත්තේය, / ඇටමිදුළු ඇත්තේය, වකුගඩු ඇත්තේය, / හදවත ඇත්තේය, අක්මාව ඇත්තේය,/ දලබුව ඇත්තේය, බඩදිව ඇත්තේය, / පෙනහළු ඇත්තේය, / කුඩාබඩවැල ඇත්තේය, මහාබඩවැල ඇත්තේය, / ආමාශය ඇත්තේය, අසුචි ඇත්තේය/ හිස්මොළය ඇත්තේය. / පිත ඇත්තේය, සෙම ඇත්තේය, / සැරව ඇත්තේය, ලේ ඇත්තේය, / දහඩිය ඇත්තේය, තෙල්මන්ද ඇත්තේය,/ කඳුළු ඇත්තේය, වුරුණුතෙල් ඇත්තේය, / කෙළ ඇත්තේය, සොටු ඇත්තේය, / සඳමිදුළු ඇත්තේය මූත්‍රා ඇත්තේ ය යනුවෙනි. /

සෙය්‍යථාපි භික්ඛවේ, උභතෝමුඛා මුතෝළි / පූරා නානාවිහිතස්ස ධඤ්ඤස්ස / සෙය්‍යථීදං; / සාලීනං වීහීනං මුග්ගානං මාසානං තිලානං තණ්ඩුලානං. / තමේනං චක්ඛුමා පුරිසෝ මුඤ්චිත්වා පච්චවෙක්ඛෙය්‍ය,/ ඉමේ සාලී, ඉමේ වීහී, ඉමේ මුග්ගා, ඉමේ මාසා, / ඉමේ තිලා, ඉමේ තණ්ඩුලා'ති. /

පින්වත් මහණෙනි, / දෙපසින් ම මුව තිබෙන ඇසුරුමක / ඇල් හාල් ද වී ද / මුං ඇට ද මෑ ඇට ද / තල ද සහල් ද වශයෙන් /

නානා වර්ගයේ ධාන්‍යයන් පුරවා ඇත්තේ වෙයි ද / එකල්හී ඇස් ඇති පුරුෂයෙක් / ඒ ඇසුරුම ලිහා විමසා බලා / මේ තිබෙන්නේ ඇල් හාල් ය, / මේ තිබෙන්නේ වී ය, / මේ තිබෙන්නේ මුං ඇට ය, / මේ තිබෙන්නේ මෑ ඇට ය, / මේ තිබෙන්නේ තල ය, / මේ තිබෙන්නේ සහල් ය යනුවෙන් / එම ධාන්‍ය වර්ග වෙන්වෙන් වශයෙන් හඳුනා ගන්නේ යම් ආකාරයෙන් ද /

ඒවමේව බෝ භික්ඛවේ, භික්ඛු / ඉමමේව කායං උද්ධං පාදතලා අධෝ කේසමත්ථකා / තචපරියන්තං පූරං නානප්පකාරස්ස අසුචිනෝ පච්චවෙක්ඛති / අත්ථි ඉමස්මිං කායේ කේසා ලෝමා නඛා දන්තා තචෝ/ මංසං නහාරූ අට්ඨී අට්ඨිමිඤ්ජා වක්කං / හදයං යකනං කිලෝමකං පිහකං පප්ඵාසං / අන්තං අන්තගුණං උදරියං කරීසං මත්ථලුංගං / පිත්තං සෙම්හං පුබ්බෝ ලෝහිතං / සේදෝ මේදෝ අස්සු වසා ඛේළෝ/ සිංඝාණිකා ලසිකා මුත්තන්ති. /

පින්වත් මහණෙනි, / ඒ ආකාරයෙන්ම / මේ ධර්මයෙහි හැසිරෙනු කැමති ශ්‍රාවකයා / යටිපතුලෙන් උඩ සිට / හිසකෙස්වලින් පහළට / සමකින් සීමාවී පවතින / නොයෙක් අපිරිසිදු දෙයින් පිරී පවතින / මේ කය පිළිබඳව ම / අවබෝධයෙන් යුතුව විමසා බලයි. / මේ කයෙහි වනාහී / කෙස් ඇත්තේය, ලොම් ඇත්තේය, / නිය පොතු ඇත්තේය, දත් ඇත්තේය, / සම ඇත්තේය, මස් ඇත්තේය, / නහර වැල් ඇත්තේය, ඇට ඇත්තේය, / ඇටමිදුළු ඇත්තේය, වකුගඩු ඇත්තේය, / හදවත ඇත්තේය, අක්මාව ඇත්තේය, / දලබුව ඇත්තේය, බඩදිව ඇත්තේය, / පෙනහළු ඇත්තේය, / කුඩාබඩවැල ඇත්තේය, මහාබඩවැල ඇත්තේය,/ ආමාශය ඇත්තේය, අසුචි ඇත්තේය / හිස්මොළය ඇත්තේය. / පිත ඇත්තේය, සෙම ඇත්තේය, / සැරව ඇත්තේය, ලේ ඇත්තේය, / දහඩිය ඇත්තේය, තෙල්මන්ද ඇත්තේය, / කඳුළු ඇත්තේය, වුරුණුතෙල් ඇත්තේය, / කෙළ ඇත්තේය, සොටු ඇත්තේය, / සඳමිදුළු ඇත්තේය, මූත්‍රා ඇත්තේය යනුවෙනි. /

ඉති අජ්ඣත්තං වා කායේ කායානුපස්සී විහරති. / බහිද්ධා වා කායේ කායානුපස්සී විහරති. / අජ්ඣත්තබහිද්ධා වා කායේ කායානුපස්සී විහරති. /

මේ ආකාරයෙන් / තමාගේ ශරීරයෙහි දෙතිස් කුණප පිළිබඳ

හෝ/ සැබෑ තත්වය අවබෝධයෙන් ම දකිමින් / කායානුපස්සනාවෙන් වාසය කරයි. / අනුන්ගේ ශරීරයෙහි දෙතිස් කුණප පිළිබඳ හෝ / සැබෑ තත්වය අවබෝධයෙන් ම දකිමින් / කායානුපස්සනාවෙන් වාසය කරයි./ තමාගේ ශරීරයෙහි දෙතිස් කුණප පිළිබඳ හෝ / අනුන්ගේ ශරීරයෙහි දෙතිස් කුණප පිළිබඳ හෝ / සැබෑ තත්වය අවබෝධයෙන් ම දකිමින්/ අසුභානුස්සති කායානුපස්සනාවෙන් වාසය කරයි. /

සමුදයධම්මානුපස්සී වා කායස්මිං විහරති. / වයධම්මානුපස්සී වා කායස්මිං විහරති. / සමුදයවයධම්මානුපස්සී වා කායස්මිං විහරති. /

දෙතිස් කුණපයෙන් යුත් මේ කය / හටගන්නා ආකාරය හෝ / අවබෝධයෙන් ම දකිමින් / කායානුපස්සනාවෙන් වාසය කරයි. / දෙතිස් කුණපයෙන් යුත් මේ කය / නැසීයන ආකාරය හෝ / අවබෝධයෙන්ම දකිමින් / කායානුපස්සනාවෙන් වාසය කරයි. / දෙතිස් කුණපයෙන් යුත් මේ කය / හටගන්නා ආකාරය හෝ / නැසී යන ආකාරය හෝ / අවබෝධයෙන් ම දකිමින් / අසුභානුස්සති කායානුපස්සනාවෙන් වාසය කරයි. /

අත්ථි කායෝ'ති වා පනස්ස සති පච්චුපට්ඨිතා හෝති. / යාවදේව ඤාණමත්තාය පතිස්සතිමත්තාය / අනිස්සිතෝ ච විහරති. / න ච කිඤ්චි ලෝකේ උපාදියති. /

දෙතිස් කුණපයකින් යුක්ත වූ කයක් හෝ පවතින්නේ යයි / ඔහුගේ සිහි නුවණ මනාව පිහිටන්නේය. / එය වනාහී ඔහු හට / තවදුරටත් අවබෝධ ඤාණය දියුණු කරගැනීම පිණිස ද / සිහිනුවණ බලවත් කරගැනීම පිණිස ද උපකාරී වෙයි. / ලෝකයෙහි කිසිවක් කිසිම අයුරකින්/ මාගේ කියා හෝ මම වෙමි යි කියා හෝ / මාගේ ආත්මය කියා හෝ / දැඩිව අල්ලා නොගෙන වාසය කරයි. /

ඒවම්පි බෝ භික්ඛවේ, භික්ඛු / කායේ කායානුපස්සී විහරති. /

ඔය ආකාරයෙනුත් පින්වත් මහණෙනි, / මේ ධර්මයෙහි හැසිරෙනු කැමති ශ්‍රාවකයා / කයෙහි පවතින සැබෑ තත්වය / අවබෝධයෙන්ම දකිමින් / කායානුපස්සනා සතිපට්ඨානයෙන් යුතුව / වාසය කරන්නේ වෙයි. /

පුන ච පරං භික්ඛවේ, භික්ඛු / ඉමමේව කායං යථාඨිතං

යථාපණිහිතං / ධාතුසෝ පච්චවෙක්ඛති. / අත්ථි ඉමස්මිං කායේ / පඨවීධාතු ආපෝධාතු තේජෝධාතු වායෝධාතූ'ති. /

නැවත වෙනත් කායානුපස්සනා භාවනාවක් පවසමි. / පින්වත් මහණෙනි, / මේ ධර්මයෙහි හැසිරෙනු කැමති ශ්‍රාවකයා / මේ කය පිළිබඳව ම / පිහිටා තිබෙන්නා වූ යම් ආකාරයන් ඇද්ද / පවතින්නා වූ යම් ආකාරයන් ඇද්ද / එය මූලික ධාතු ස්වභාව වශයෙන් / අවබෝධයෙන් යුතුවම විමසා බලයි. / මේ ශරීරයෙහි / පොළොවට පස් වී යන / පඨවී ධාතු කොටස් ඇත්තේය / ජලයෙහි දිය වී යන / ආපෝ ධාතු කොටස් ඇත්තේය / උණුසුමට අයත් වූ / තේජෝ ධාතු කොටස් ඇත්තේය / සුළඟට අයත් වූ / වායෝ ධාතු කොටස් ඇත්තේය යනුවෙනි. /

සෙය්‍යථාපි භික්ඛවේ, දක්ඛෝ ගෝඝාතකෝ වා ගෝඝාතකන්තේවාසී වා / ගාවිං වධිත්වා චාතුම්මහාපථේ බිලසෝ පටිවිභජිත්වා නිසින්නෝ අස්ස, /

පින්වත් මහණෙනි, / දක්ෂ ගවයන් මරන්නෙක් හෝ / ඔහුගේ අතවැසියෙක් හෝ / ගවදෙනක ඝාතනය කොට / කොටස් වශයෙන් බෙදාවෙන්කොට / සිව්මංසලක තබා සිටින්නේ යම් ආකාරයකින් ද /

ඒවමේව ඛෝ භික්ඛවේ, භික්ඛු / ඉමමේව කායං යථාඨිතං යථාපණිහිතං / ධාතුසෝ පච්චවෙක්ඛති / අත්ථි ඉමස්මිං කායේ පඨවීධාතු / ආපෝධාතු තේජෝධාතු වායෝධාතූ'ති. /

පින්වත් මහණෙනි, / ඒ ආකාරයෙන් ම / මේ ධර්මයෙහි හැසිරෙනු කැමති ශ්‍රාවකයා / මේ කය පිළිබඳව ද / පිහිටා තිබෙන්නා වූ යම් ආකාරයන් ඇද්ද / පවතින්නා වූ යම් ආකාරයන් ඇද්ද / එය මූලික ධාතු ස්වභාව වශයෙන් / අවබෝධයෙන් යුතුව ම විමසා බලයි. / මේ ශරීරයෙහි / පොළොවට පස් වී යන / පඨවී ධාතු කොටස් ඇත්තේය/ ජලයෙහි දිය වී යන / ආපෝ ධාතු කොටස් ඇත්තේය / උණුසුමට අයත් වූ / තේජෝ ධාතු කොටස් ඇත්තේය / සුළඟට අයත් වූ / වායෝ ධාතු කොටස් ඇත්තේය යනුවෙනි. /

ඉති අජ්ඣත්තං වා කායේ කායානුපස්සී විහරති. / බහිද්ධා වා කායේ කායානුපස්සී විහරති. / අජ්ඣත්තබහිද්ධා වා කායේ කායානුපස්සී විහරති. /

මේ ආකාරයෙන් / තමාගේ ශරීරයෙහි ධාතු කොටස් පිළිබඳ හෝ/ සැබෑ තත්වය අවබෝධයෙන් ම දකිමින් / කායානුපස්සනාවෙන් වාසය කරයි. / අනුන්ගේ ශරීරයෙහි ධාතු කොටස් පිළිබඳ හෝ / සැබෑ තත්වය අවබෝධයෙන් ම දකිමින් / කායානුපස්සනාවෙන් වාසය කරයි./ තමාගේ ශරීරයෙහි ධාතු කොටස් පිළිබඳ හෝ / අනුන්ගේ ශරීරයෙහි ධාතු කොටස් පිළිබඳ හෝ / සැබෑ තත්වය අවබෝධයෙන් ම දකිමින්/ ධාතු මනසිකාර කායානුපස්සනාවෙන් වාසය කරයි. /

සමුදයධම්මානුපස්සී වා කායස්මිං විහරති. / වයධම්මානුපස්සී වා කායස්මිං විහරති. / සමුදයවයධම්මානුපස්සී වා කායස්මිං විහරති. /

ධාතු ස්වභාවයන්ගෙන් යුක්ත වූ මේ කය / හටගන්නා ආකාරය හෝ / අවබෝධයෙන් ම දකිමින් / කායානුපස්සනාවෙන් වාසය කරයි./ ධාතු ස්වභාවයන්ගෙන් යුක්ත වූ මේ කය / නැසීයන ආකාරය හෝ / අවබෝධයෙන් ම දකිමින් / කායානුපස්සනාවෙන් වාසය කරයි. / ධාතු ස්වභාවයන්ගෙන් යුක්ත වූ මේ කය / හටගන්නා ආකාරය හෝ / නැසී යන ආකාරය හෝ / අවබෝධයෙන් ම දකිමින් / කායානුපස්සනාවෙන් වාසය කරයි. /

අත්ථි කායෝ'ති වා පනස්ස සති පච්චුපට්ඨිතා හෝති. / යාවදේව ඤාණමත්තාය පතිස්සතිමත්තාය / අනිස්සිතෝ ච විහරති. / න ච කිඤ්චි ලෝකේ උපාදියති. /

ධාතු ස්වභාවයන්ගෙන් යුක්ත වූ කයක් හෝ පවතින්නේ යයි/ ඔහුගේ සිහි නුවණ මනාව පිහිටන්නේය. / එය වනාහී ඔහු හට / තවදුරටත් අවබෝධ ඤාණය දියුණු කරගැනීම පිණිස ද / සිහිනුවණ බලවත් කරගැනීම පිණිස ද උපකාරී වෙයි. / ලෝකයෙහි කිසිවක් කිසිම අයුරකින්/ මාගේ කියා හෝ මම වෙමි යි කියා හෝ / මාගේ ආත්මය කියා හෝ / දැඩිව අල්ලා නොගෙන වාසය කරයි. /

ඒවම්පි බෝ භික්ඛවේ, භික්ඛු / කායේ කායානුපස්සී විහරති. /

ඔය ආකාරයෙනුත් පින්වත් මහණෙනි, / මේ ධර්මයෙහි හැසිරෙනු කැමති ශ්‍රාවකයා / කයෙහි පවතින සැබෑ තත්වය / අවබෝධයෙන්ම දකිමින් / කායානුපස්සනා සතිපට්ඨානයෙන් යුතුව / වාසය කරන්නේ වෙයි. /

පුන ච පරං භික්ඛවේ, භික්ඛු / සෙය්‍යථාපි පස්සෙය්‍ය සරීරං සීවථිකාය ඡඩ්ඩිතං, / ඒකාහමතං වා ද්වීහමතං වා තීහමතං වා / උද්ධුමාතකං විනීලකං විපුබ්බකජාතං. / සො ඉමමේව කායං උපසංහරති:/ අයම්පි ඛෝ කායෝ ඒවං ධම්මෝ ඒවම්භාවී ඒතං අනතීතෝ'ති.

නැවත වෙනත් කායානුපස්සනා භාවනාවක් පවසමි. / පින්වත් මහණෙනි, / මේ ධර්මයෙහි හැසිරෙනු කැමති ශ්‍රාවකයා / අමු සොහොනෙහි දමා ගොස් තිබෙන්නා වූ මළ සිරුරක් / දවසක් ගත වී ගියේ හෝ / දෙදිනක් ගත වී ගියේ හෝ / තුන්දිනක් ගත වී ගියේ හෝ/ ඉදිමී ගියේ නිල් වී ගියේ / සැරව හටගෙන තිබෙන අයුරු දකින්නේ යම් ආකාරයකින් ද / ඒ ආකාරයෙන් ම තමාගේ කය පිළිබඳව ද / ඒ මළකුණ හා ගළපා බලන්නේ ය. / සැබැවින් ම මේ කය පවා / මෙබඳු ස්වභාවයට පත්වන්නේ ය / මෙබඳු ඉරණමට ගොදුරු වන්නේ ය / මේ ස්වභාවය ඉක්මවා නැත්තේ ය යනුවෙනි /

ඉති අජ්ඣත්තං වා කායේ කායානුපස්සී විහරති. / බහිද්ධා වා කායේ කායානුපස්සී විහරති. / අජ්ඣත්තබහිද්ධා වා කායේ කායානුපස්සී විහරති. /

මේ ආකාරයෙන් / තමාගේ ශරීරයෙහි හෝ / සැබෑ තත්වය අවබෝධයෙන් ම දකිමින් / කායානුපස්සනාවෙන් වාසය කරයි. / අනුන්ගේ ශරීරයෙහි හෝ / සැබෑ තත්වය අවබෝධයෙන් ම දකිමින් / කායානුපස්සනාවෙන් වාසය කරයි. / තමාගේ ශරීරයෙහි හෝ / අනුන්ගේ ශරීරයෙහි හෝ / සැබෑ තත්වය අවබෝධයෙන් ම දකිමින් / මළ සිරුර අරමුණු කොට කායානුපස්සනාවෙන් වාසය කරයි. /

සමුදයධම්මානුපස්සී වා කායස්මිං විහරති. / වයධම්මානුපස්සී වා කායස්මිං විහරති. / සමුදයවයධම්මානුපස්සී වා කායස්මිං විහරති. /

මේ කයෙහි පැවැත්ම / හටගන්නා ආකාරය හෝ / අවබෝධයෙන්ම දකිමින් / මළ සිරුර අරමුණු කොට කායානුපස්සනාවෙන් වාසය කරයි./ මේ කයෙහි පැවැත්ම / නැසීයන ආකාරය හෝ / අවබෝධයෙන්ම දකිමින් / මළ සිරුර අරමුණු කොට කායානුපස්සනාවෙන් වාසය කරයි. / මේ කයෙහි පැවැත්ම / හටගන්නා ආකාරය හෝ / නැසී යන ආකාරය හෝ / අවබෝධයෙන් ම දකිමින් / මළ සිරුර අරමුණු කොට කායානුපස්සනාවෙන් වාසය කරයි. /

අත්ථි කායෝ'ති වා පනස්ස සති පච්චුපට්ඨිතා හෝති. / යාවදේව ඤාණමත්තාය පතිස්සතිමත්තාය / අනිස්සිතෝ ච විහරති. / න ච කිඤ්චි ලෝකේ උපාදියති. /

මැරී ඉදිමී විනාශ වන කයක් හෝ පවතින්නේ යයි / ඔහුගේ සිහි නුවණ මනාව පිහිටන්නේය. / එය වනාහී ඔහු හට / තවදුරටත් අවබෝධ ඤාණය දියුණු කරගැනීම පිණිස ද / සිහිනුවණ බලවත් කරගැනීම පිණිස ද උපකාරී වෙයි. / ලෝකයෙහි කිසිවක් කිසිම අයුරකින් / මාගේ කියා හෝ මම වෙමි යි කියා හෝ / මාගේ ආත්මය කියා හෝ / දැඩිව අල්ලා නොගෙන වාසය කරයි. /

ඒවම්පි බෝ භික්ඛවේ, භික්ඛු / කායේ කායානුපස්සී විහරති. /

ඔය ආකාරයෙනුත් පින්වත් මහණෙනි, / මේ ධර්මයෙහි හැසිරෙනු කැමති ශ්‍රාවකයා / කයෙහි පවතින සැබෑ තත්වය / අවබෝධයෙන්ම දකිමින් / කායානුපස්සනා සතිපට්ඨානයෙන් යුතුව / වාසය කරන්නේ වෙයි. /

පුන ච පරං භික්ඛවේ, භික්ඛු / සෙය්‍යථාපි පස්සෙය්‍ය සරීරං සීවථිකාය ඡඩ්ඩිතං, / කාකේහි වා ඛජ්ජමානං කුලලේහි වා ඛජ්ජමානං/ ගිජ්ඣේහි වා ඛජ්ජමානං සුනඛේහි වා ඛජ්ජමානං / සිඟාලේහි වා ඛජ්ජමානං විවිධේහි වා පාණකජාතේහි ඛජ්ජමානං, / සෝ ඉමමේව කායං උපසංහරති: / අයම්පි බෝ කායෝ ඒවං ධම්මෝ ඒවම්භාවී ඒතං අනතීතෝ'ති.

නැවත වෙනත් කායානුපස්සනා භාවනාවක් පවසමි. / පින්වත් මහණෙනි, / මේ ධර්මයෙහි හැසිරෙනු කැමති ශ්‍රාවකයා / අමුසොහොනෙහි දමාගොස් තිබෙන්නා වූ මළ සිරුරක් / කපුටන් විසින් හෝ කා දමන්නේ/ උකුස්සන් විසින් හෝ කා දමන්නේ / ගිජුළිහිණියන් විසින් හෝ කා දමන්නේ / සුනඛයින් විසින් හෝ කා දමන්නේ / සිවලුන් විසින් හෝ කා දමන්නේ / නොයෙක් සතුන් විසින් හෝ කා දමන අයුරු දකින්නේ යම් ආකාරයකින් ද / ඒ ආකාරයෙන් ම / තමාගේ කය පිළිබඳව ද / ඒ මළකුණ හා ගළපා බලන්නේ ය. / සැබැවින් ම මේ කය පවා / මෙබඳු ස්වභාවයට පත්වන්නේ ය / මෙබඳු ඉරණමට ගොදුරු වන්නේ ය / මේ ස්වභාවය ඉක්මවා නැත්තේ ය යනුවෙනි /

ඉති අජ්ඣත්තං වා කායේ කායානුපස්සී විහරති. / බහිද්ධා වා කායේ කායානුපස්සී විහරති. / අජ්ඣත්තබහිද්ධා වා කායේ කායානුපස්සී විහරති. /

මේ ආකාරයෙන් / තමාගේ ශරීරයෙහි හෝ / සැබෑ තත්වය අවබෝධයෙන් ම දකිමින් / කායානුපස්සනාවෙන් වාසය කරයි. / අනුන්ගේ ශරීරයෙහි හෝ / සැබෑ තත්වය අවබෝධයෙන් ම දකිමින් / කායානුපස්සනාවෙන් වාසය කරයි. / තමාගේ ශරීරයෙහි හෝ / අනුන්ගේ ශරීරයෙහි හෝ / සැබෑ තත්වය අවබෝධයෙන් ම දකිමින් / මළ සිරුර අරමුණු කොට කායානුපස්සනාවෙන් වාසය කරයි. /

සමුදයධම්මානුපස්සී වා කායස්මිං විහරති. / වයධම්මානුපස්සී වා කායස්මිං විහරති. / සමුදයවයධම්මානුපස්සී වා කායස්මිං විහරති. /

මේ කයෙහි පැවැත්ම / හටගන්නා ආකාරය හෝ / අවබෝධයෙන්ම දකිමින් / මළ සිරුර අරමුණු කොට කායානුපස්සනාවෙන් වාසය කරයි./ මේ කයෙහි පැවැත්ම / නැසීයන ආකාරය හෝ / අවබෝධයෙන්ම දකිමින් / මළ සිරුර අරමුණු කොට කායානුපස්සනාවෙන් වාසය කරයි. / මේ කයෙහි පැවැත්ම / හටගන්නා ආකාරය හෝ / නැසී යන ආකාරය හෝ / අවබෝධයෙන් ම දකිමින් / මළ සිරුර අරමුණු කොට කායානුපස්සනාවෙන් වාසය කරයි. /

අත්ථි කායෝ'ති වා පනස්ස සති පච්චුපට්ඨිතා හෝති. / යාවදේව ඤාණමත්තාය පතිස්සතිමත්තාය. / අනිස්සිතෝ ච විහරති. / න ච කිඤ්චි ලෝකේ උපාදියති. /

නොයෙක් සතුන්ට ගොදුරු වන ස්වභාවයෙන් යුක්ත වූ / කයක් හෝ පවතින්නේ යයි / ඔහුගේ සිහි නුවණ මනාව පිහිටන්නේය. / එය වනාහී ඔහු හට / තවදුරටත් අවබෝධ ඤාණය දියුණු කරගැනීම පිණිස ද / සිහිනුවණ බලවත් කරගැනීම පිණිස ද උපකාරී වෙයි. / ලෝකයෙහි කිසිවක් කිසිම අයුරකින් / මාගේ කියා හෝ මම වෙමි යි කියා හෝ / මාගේ ආත්මය කියා හෝ / දැඩිව අල්ලා නොගෙන වාසය කරයි. /

ඒවම්පි බෝ භික්ඛවේ, භික්ඛු / කායේ කායානුපස්සී විහරති. /

ඔය ආකාරයෙනුත් පින්වත් මහණෙනි, / මේ ධර්මයෙහි හැසිරෙනු කැමති ශ්‍රාවකයා / කයෙහි පවතින සැබෑ තත්වය / අවබෝධයෙන්ම

දකිමින් / කායානුපස්සනා සතිපට්ඨානයෙන් යුතුව / වාසය කරන්නේ වෙයි. /

පුන ච පරං භික්ඛවේ, භික්ඛු / සෙය්‍යථාපි පස්සෙය්‍ය සරීරං සීවථිකාය ඡඩ්ඩිතං, / අට්ඨිකසංඛලිකං සමංසලෝහිතං නහාරුසම්බන්ධං,/ සෝ ඉමමේව කායං උපසංහරති: / අයම්පි ඛෝ කායෝ ඒවං ධම්මෝ ඒවම්භාවී ඒතං අනතීතෝ'ති. /

නැවත වෙනත් කායානුපස්සනා භාවනාවක් පවසමි. / පින්වත් මහණෙනි, / මේ ධර්මයෙහි හැසිරෙනු කැමති ශ්‍රාවකයා / අමුසොහොනෙහි දමාගොස් තිබෙන්නා වූ මළ සිරුරක් / තවමත් ලේ මස් සහිතව / නහරවැලින් ගැවසීගෙන / තැනින් තැන ඇට පෑදී ගොස් තිබෙන අයුරු දකින්නේ යම් ආකාරයකින් ද / ඒ ආකාරයෙන් ම / තමාගේ කය පිළිබඳව ද / ඒ මළකුණ හා ගළපා බලන්නේ ය. / සැබැවින් ම මේ කය පවා / මෙබඳු ස්වභාවයට පත්වන්නේ ය / මෙබඳු ඉරණමට ගොදුරු වන්නේ ය / මේ ස්වභාවය ඉක්මවා නැත්තේ ය යනුවෙනි /

ඉති අජ්ඣත්තං වා කායේ කායානුපස්සී විහරති. / බහිද්ධා වා කායේ කායානුපස්සී විහරති. / අජ්ඣත්තබහිද්ධා වා කායේ කායානුපස්සී විහරති. /

මේ ආකාරයෙන් / තමාගේ ශරීරයෙහි හෝ / සැබෑ තත්වය අවබෝධයෙන් ම දකිමින් / කායානුපස්සනාවෙන් වාසය කරයි. / අනුන්ගේ ශරීරයෙහි හෝ / සැබෑ තත්වය අවබෝධයෙන් ම දකිමින් / කායානුපස්සනාවෙන් වාසය කරයි. / තමාගේ ශරීරයෙහි හෝ / අනුන්ගේ ශරීරයෙහි හෝ / සැබෑ තත්වය අවබෝධයෙන් ම දකිමින් / මළ සිරුර අරමුණු කොට කායානුපස්සනාවෙන් වාසය කරයි. /

සමුදයධම්මානුපස්සී වා කායස්මිං විහරති. / වයධම්මානුපස්සී වා කායස්මිං විහරති. / සමුදයවයධම්මානුපස්සී වා කායස්මිං විහරති. /

මේ කයෙහි පැවැත්ම / හටගන්නා ආකාරය හෝ / අවබෝධයෙන්ම දකිමින් / මළ සිරුර අරමුණු කොට කායානුපස්සනාවෙන් වාසය කරයි./ මේ කයෙහි පැවැත්ම / නැසීයන ආකාරය හෝ / අවබෝධයෙන්ම දකිමින් / මළ සිරුර අරමුණු කොට කායානුපස්සනාවෙන් වාසය කරයි. / මේ කයෙහි පැවැත්ම / හටගන්නා ආකාරය හෝ / නැසී යන

ආකාරය හෝ / අවබෝධයෙන් ම දකිමින් / මළ සිරුර අරමුණු කොට කායානුපස්සනාවෙන් වාසය කරයි. /

අත්ථි කායෝ'ති වා පනස්ස සති පච්චුපට්ඨිතා හෝති. / යාවදේව ඤාණමත්තාය පතිස්සතිමත්තාය / අනිස්සිතෝ ච විහරති. / න ච කිඤ්චි ලෝකේ උපාදියති. /

සොහොනක වැනසී යන ස්වභාවයෙන් යුක්ත වූ / කයක් හෝ පවතින්නේ යයි / ඔහුගේ සිහි නුවණ මනාව පිහිටන්නේය. / එය වනාහී ඔහු හට/ තවදුරටත් අවබෝධ ඤාණය දියුණු කරගැනීම පිණිස ද / සිහිනුවණ බලවත් කරගැනීම පිණිස ද උපකාරී වෙයි. / ලෝකයෙහි කිසිවක් කිසිම අයුරකින් / මාගේ කියා හෝ මම වෙමි යි කියා හෝ / මාගේ ආත්මය කියා හෝ / දැඩිව අල්ලා නොගෙන වාසය කරයි. /

ඒවම්පි බෝ භික්ඛවේ, භික්ඛු / කායේ කායානුපස්සී විහරති. /

ඔය ආකාරයෙනුත් පින්වත් මහණෙනි, / මේ ධර්මයෙහි හැසිරෙනු කැමති ශ්‍රාවකයා / කයෙහි පවතින සැබෑ තත්වය / අවබෝධයෙන්ම දකිමින් / කායානුපස්සනා සතිපට්ඨානයෙන් යුතුව / වාසය කරන්නේ වෙයි. /

පුන ච පරං භික්ඛවේ, භික්ඛු / සෙය්‍යථාපි පස්සෙය්‍ය සරීරං සීවථිකාය ඡඩ්ඩිතං, / අට්ඨිකසංඛලිකං නිම්මංසලෝහිතමක්ඛිතං නහාරුසම්බන්ධං, / සෝ ඉමමේව කායං උපසංහරති: / අයම්පි බෝ කායෝ ඒවං ධම්මෝ ඒවම්භාවී ඒතං අනතීතෝ'ති.

නැවත වෙනත් කායානුපස්සනා භාවනාවක් පවසමි. / පින්වත් මහණෙනි, / මේ ධර්මයෙහි හැසිරෙනු කැමති ශ්‍රාවකයා / අමුසොහොනෙහි දමාගොස් තිබෙන්නා වූ / මස් රහිතව ලේ වැකී තිබෙන්නා වූ / නහරවැලින් ගැවසීගත්තා වූ / ඇටසැකිල්ල මතුවී පෙනෙන්නා වූ / මළ සිරුරක් දකින්නේ යම් ආකාරයකින් ද / ඒ අයුරින් ම / තමාගේ කය පිළිබඳව ද / ඒ වැනසී යන මළකුණ හා ගළපා බලන්නේ ය. / සැබැවින්ම මේ කය පවා / මෙබඳු ස්වභාවයට පත්වන්නේ ය / මෙබඳු ඉරණමට ගොදුරු වන්නේ ය / මේ ස්වභාවය ඉක්මවා නැත්තේ ය යනුවෙනි /

ඉති අජ්ඣත්තං වා කායේ කායානුපස්සී විහරති. / බහිද්ධා වා කායේ කායානුපස්සී විහරති. / අජ්ඣත්තබහිද්ධා වා කායේ කායානුපස්සී

විහරති. /

මේ ආකාරයෙන් / තමාගේ ශරීරයෙහි හෝ / සැබෑ තත්වය අවබෝධයෙන් ම දකිමින් / කායානුපස්සනාවෙන් වාසය කරයි. / අනුන්ගේ ශරීරයෙහි හෝ / සැබෑ තත්වය අවබෝධයෙන් ම දකිමින් / කායානුපස්සනාවෙන් වාසය කරයි. / තමාගේ ශරීරයෙහි හෝ / අනුන්ගේ ශරීරයෙහි හෝ / සැබෑ තත්වය අවබෝධයෙන් ම දකිමින් / මළ සිරුර අරමුණු කොට කායානුපස්සනාවෙන් වාසය කරයි. /

සමුදයධම්මානුපස්සී වා කායස්මිං විහරති. / වයධම්මානුපස්සී වා කායස්මිං විහරති. / සමුදයවයධම්මානුපස්සී වා කායස්මිං විහරති. /

මේ කයෙහි පැවැත්ම / හටගන්නා ආකාරය හෝ / අවබෝධයෙන්ම දකිමින් / මළ සිරුර අරමුණු කොට කායානුපස්සනාවෙන් වාසය කරයි./ මේ කයෙහි පැවැත්ම / නැසීයන ආකාරය හෝ / අවබෝධයෙන්ම දකිමින් / මළ සිරුර අරමුණු කොට කායානුපස්සනාවෙන් වාසය කරයි. / මේ කයෙහි පැවැත්ම / හටගන්නා ආකාරය හෝ / නැසී යන ආකාරය හෝ / අවබෝධයෙන් ම දකිමින් / මළ සිරුර අරමුණු කොට කායානුපස්සනාවෙන් වාසය කරයි. /

අත්ථි කායෝ'ති වා පනස්ස සති පච්චුපට්ඨිතා හෝති. / යාවදේව ඤාණමත්තාය පතිස්සතිමත්තාය / අනිස්සිතෝ ච විහරති. / න ච කිඤ්චි ලෝකේ උපාදියති. /

සොහොනක වැනසී යන ස්වභාවයෙන් යුක්ත වූ / කයක් හෝ පවතින්නේ යයි / ඔහුගේ සිහි නුවණ මනාව පිහිටන්නේය. / එය වනාහී ඔහු හට/ තවදුරටත් අවබෝධ ඤාණය දියුණු කරගැනීම පිණිස ද / සිහිනුවණ බලවත් කරගැනීම පිණිස ද උපකාරී වෙයි. / ලෝකයෙහි කිසිවක් කිසිම අයුරකින් / මාගේ කියා හෝ මම වෙමි යි කියා හෝ / මාගේ ආත්මය කියා හෝ / දැඩිව අල්ලා නොගෙන වාසය කරයි. /

ඒවම්පි බෝ භික්ඛවේ, භික්ඛු / කායේ කායානුපස්සී විහරති. /

ඔය ආකාරයෙනුත් පින්වත් මහණෙනි, / මේ ධර්මයෙහි හැසිරෙනු කැමති ශ්‍රාවකයා / කයෙහි පවතින සැබෑ තත්වය / අවබෝධයෙන්ම දකිමින් / කායානුපස්සනා සතිපට්ඨානයෙන් යුතුව / වාසය කරන්නේ වෙයි. /

පුන ච පරං භික්ඛවේ, භික්ඛු / සෙය්‍යථාපි පස්සෙය්‍ය සරීරං සීවථිකාය ඡඩ්ඩිතං, / අට්ඨිකසංඛලිකං අපගතමංසලෝහිතං නහාරුසම්බන්ධං, / සෝ ඉමමේව කායං උපසංහරති: / අයම්පි ඛෝ කායෝ ඒවං ධම්මෝ ඒවම්භාවී ඒතං අනතීතෝ'ති. /

නැවත වෙනත් කායානුපස්සනා භාවනාවක් පවසමි. / පින්වත් මහණෙනි, / මේ ධර්මයෙහි හැසිරෙනු කැමති ශ්‍රාවකයා / අමුසොහොනෙහි දමාගොස් තිබෙන්නා වූ මළ සිරුරක් / ලෙයින් මසින් තොරව / නහරවැලින් ගැවසීගෙන / ඉතා හොඳින් ඇටසැකිල්ල මතුවී ඇති අයුරු දකින්නේ / යම් ආකාරයකින් ද / ඒ ආකාරයෙන් ම / තමාගේ කය පිළිබඳව ද / ඒ වැනසී යන මළකුණ හා ගළපා බලන්නේ ය. / සැබැවින් ම මේ කය පවා / මෙබඳු ස්වභාවයට පත්වන්නේ ය / මෙබඳු ඉරණමට ගොදුරු වන්නේ ය / මේ ස්වභාවය ඉක්මවා නැත්තේ ය යනුවෙනි /

ඉති අජ්ඣත්තං වා කායේ කායානුපස්සී විහරති. / බහිද්ධා වා කායේ කායානුපස්සී විහරති. / අජ්ඣත්තබහිද්ධා වා කායේ කායානුපස්සී විහරති. /

මේ ආකාරයෙන් / තමාගේ ශරීරයෙහි හෝ / සැබෑ තත්වය අවබෝධයෙන් ම දකිමින් / කායානුපස්සනාවෙන් වාසය කරයි. / අනුන්ගේ ශරීරයෙහි හෝ / සැබෑ තත්වය අවබෝධයෙන් ම දකිමින් / කායානුපස්සනාවෙන් වාසය කරයි. / තමාගේ ශරීරයෙහි හෝ / අනුන්ගේ ශරීරයෙහි හෝ / සැබෑ තත්වය අවබෝධයෙන් ම දකිමින් / මළ සිරුර අරමුණු කොට කායානුපස්සනාවෙන් වාසය කරයි. /

සමුදයධම්මානුපස්සී වා කායස්මිං විහරති. / වයධම්මානුපස්සී වා කායස්මිං විහරති. / සමුදයවයධම්මානුපස්සී වා කායස්මිං විහරති. /

මේ කයෙහි පැවැත්ම / හටගන්නා ආකාරය හෝ / අවබෝධයෙන්ම දකිමින් / මළ සිරුර අරමුණු කොට කායානුපස්සනාවෙන් වාසය කරයි./ මේ කයෙහි පැවැත්ම / නැසීයන ආකාරය හෝ / අවබෝධයෙන්ම දකිමින් / මළ සිරුර අරමුණු කොට කායානුපස්සනාවෙන් වාසය කරයි. / මේ කයෙහි පැවැත්ම / හටගන්නා ආකාරය හෝ / නැසී යන ආකාරය හෝ / අවබෝධයෙන් ම දකිමින් / මළ සිරුර අරමුණු කොට කායානුපස්සනාවෙන් වාසය කරයි. /

අත්ථි කායෝ'ති වා පනස්ස සති පච්චුපට්ඨිතා හෝති. / යාවදේව ඤාණමත්තාය පතිස්සතිමත්තාය. / අනිස්සිතෝ ච විහරති. / න ච කිඤ්චි ලෝකේ උපාදියති. /

සොහොනක වැනසී යන ස්වභාවයෙන් යුක්ත වූ / කයක් හෝ පවතින්නේ යයි / ඔහුගේ සිහි නුවණ මනාව පිහිටන්නේය. / එය වනාහී ඔහු හට/ තවදුරටත් අවබෝධ ඤාණය දියුණු කරගැනීම පිණිස ද / සිහිනුවණ බලවත් කරගැනීම පිණිස ද උපකාරී වෙයි. / ලෝකයෙහි කිසිවක් කිසිම අයුරකින් / මාගේ කියා හෝ මම වෙමි යි කියා හෝ / මාගේ ආත්මය කියා හෝ / දැඩිව අල්ලා නොගෙන වාසය කරයි. /

ඒවම්පි බෝ භික්ඛවේ, භික්ඛු / කායේ කායානුපස්සී විහරති. /

ඔය ආකාරයෙනුත් පින්වත් මහණෙනි, / මේ ධර්මයෙහි හැසිරෙනු කැමති ශ්‍රාවකයා / කයෙහි පවතින සැබෑ තත්වය / අවබෝධයෙන්ම දකිමින් / කායානුපස්සනා සතිපට්ඨානයෙන් යුතුව / වාසය කරන්නේ වෙයි. /

පුන ච පරං භික්ඛවේ, භික්ඛු / සෙය්‍යථාපි පස්සෙය්‍ය සරීරං සීවථිකාය ඡඩ්ඩිතං, / අට්ඨිකානි අපගතසම්බන්ධානි / දිසාවිදිසාසු වික්ඛිත්තානි / අඤ්ඤේන හත්ථට්ඨිකං අඤ්ඤේන පාදට්ඨිකං / අඤ්ඤේන ජංඝට්ඨිකං අඤ්ඤේන ඌරුට්ඨිකං / අඤ්ඤේන පිට්ඨිට්ඨිකං අඤ්ඤේන කටට්ඨිකං / අඤ්ඤේන ගීවට්ඨිකං අඤ්ඤේන දන්තට්ඨිකං/ අඤ්ඤේන සීසකටාහං. / සෝ ඉමමේව කායං උපසංහරති: / අයම්පි බෝ කායෝ ඒවං ධම්මෝ ඒවම්භාවී ඒතං අනතීතෝ'ති. /

නැවත වෙනත් කායානුපස්සනා භාවනාවක් පවසමි. / පින්වත් මහණෙනි, / මේ ධර්මයෙහි හැසිරෙනු කැමති ශ්‍රාවකයා / අමුසොහොනෙහි දමාගොස් තිබෙන්නා වූ මළ සිරුරක් / ඇටකැබලි බවට පත්වීමෙන්/ වෙන්වී ගොස් නොයෙක් තැන විසිරී තිබෙන්නේ වේ ද / එනම්; / අත් ඇට වෙන දිශාවක ය / පා ඇට වෙන දිශාවක ය / කෙණ්ඩා ඇට වෙන දිශාවක ය / කලවා ඇට වෙන දිශාවක ය / ඉළ ඇට වෙන දිශාවක ය/ උකුල් ඇට වෙන දිශාවක ය / ගෙල ඇට වෙන දිශාවක ය/ දත් ඇට වෙන දිශාවක ය / හිස්කබල වෙන දිශාවක ය / මෙසේ දිශා අනුදිශාවලට විසිරී ගියා වූ / මළ සිරුරක් දකින්නේ යම් ආකාරයකින් ද / ඒ ආකාරයෙන් ම / තමාගේ කය පිළිබඳව ද / ඒ වෙන් වී ගිය ඇට

කැබලි හා ගළපා බලන්නේ ය. / සැබැවින් ම මේ කය පවා / මෙබඳු ස්වභාවයට පත්වන්නේ ය / මෙබඳු ඉරණමට ගොදුරු වන්නේ ය / මේ ස්වභාවය ඉක්මවා නැත්තේය යනුවෙනි /

ඉති අජ්ඣත්තං වා කායේ කායානුපස්සී විහරති. / බහිද්ධා වා කායේ කායානුපස්සී විහරති. / අජ්ඣත්තබහිද්ධා වා කායේ කායානුපස්සී විහරති. /

මේ ආකාරයෙන් / තමාගේ ශරීරයෙහි හෝ / සැබෑ තත්වය අවබෝධයෙන් ම දකිමින් / කායානුපස්සනාවෙන් වාසය කරයි. / අනුන්ගේ ශරීරයෙහි හෝ / සැබෑ තත්වය අවබෝධයෙන් ම දකිමින් / කායානුපස්සනාවෙන් වාසය කරයි. / තමාගේ ශරීරයෙහි හෝ / අනුන්ගේ ශරීරයෙහි හෝ / සැබෑ තත්වය අවබෝධයෙන් ම දකිමින් / මළ සිරුර අරමුණු කොට කායානුපස්සනාවෙන් වාසය කරයි. /

සමුදයධම්මානුපස්සී වා කායස්මිං විහරති. / වයධම්මානුපස්සී වා කායස්මිං විහරති. / සමුදයවයධම්මානුපස්සී වා කායස්මිං විහරති. /

මේ කයෙහි පැවැත්ම / හටගන්නා ආකාරය හෝ / අවබෝධයෙන්ම දකිමින් / මළ සිරුර අරමුණු කොට කායානුපස්සනාවෙන් වාසය කරයි./ මේ කයෙහි පැවැත්ම / නැසීයන ආකාරය හෝ / අවබෝධයෙන්ම දකිමින් / මළ සිරුර අරමුණු කොට කායානුපස්සනාවෙන් වාසය කරයි. / මේ කයෙහි පැවැත්ම / හටගන්නා ආකාරය හෝ / නැසී යන ආකාරය හෝ / අවබෝධයෙන් ම දකිමින් / මළ සිරුර අරමුණු කොට කායානුපස්සනාවෙන් වාසය කරයි. /

අත්ථි කායෝ'ති වා පනස්ස සති පච්චුපට්ඨිතා හෝති. / යාවදේව ඤාණමත්තාය පතිස්සතිමත්තාය / අනිස්සිතෝ ච විහරති. / න ච කිඤ්චි ලෝකේ උපාදියති. /

සොහොනක වැනසී යන ස්වභාවයෙන් යුක්ත වූ / කයක් හෝ පවතින්නේ යයි / ඔහුගේ සිහි නුවණ මනාව පිහිටන්නේය. / එය වනාහී ඔහු හට/ තවදුරටත් අවබෝධ ඤාණය දියුණු කරගැනීම පිණිස ද / සිහිනුවණ බලවත් කරගැනීම පිණිස ද උපකාරී වෙයි. / ලෝකයෙහි කිසිවක් කිසිම අයුරකින් / මාගේ කියා හෝ මම වෙමි යි කියා හෝ / මාගේ ආත්මය කියා හෝ / දැඩිව අල්ලා නොගෙන වාසය කරයි. /

ඒවම්පි ඛො භික්ඛවේ, භික්ඛු / කායේ කායානුපස්සී විහරති. /

ඔය ආකාරයෙනුත් පින්වත් මහණෙනි, / මේ ධර්මයෙහි හැසිරෙනු කැමති ශ්‍රාවකයා / කයෙහි පවතින සැබෑ තත්වය / අවබෝධයෙන්ම දකිමින් / කායානුපස්සනා සතිපට්ඨානයෙන් යුතුව / වාසය කරන්නේ වෙයි. /

පුන ච පරං භික්ඛවේ, භික්ඛු / සෙය්‍යථාපි පස්සෙය්‍ය සරීරං සීවථිකාය ඡඩ්ඩිතං, / අට්ඨිකානි සේතානි සංඛවණ්ණූපනිභානි, / සො ඉමමේව කායං උපසංහරති: / අයම්පි ඛො කායො ඒවං ධම්මො ඒවම්භාවී ඒතං අනතීතො'ති. /

නැවත වෙනත් කායානුපස්සනා භාවනාවක් පවසමි. / පින්වත් මහණෙනි, / මේ ධර්මයෙහි හැසිරෙනු කැමති ශ්‍රාවකයා / අමුසොහොනෙහි දමාගොස් තිබෙන්නා වූ මළ සිරුරක් / හක්ගෙඩියේ පැහැයෙන් යුක්තව / සුදු පැහැයට පත්ව / ඇට ගොඩක් බවට පත්ව තිබෙනා අයුරු දකින්නේ යම් ආකාරයකින් ද / ඒ ආකාරයෙන් ම / තමාගේ කය පිළිබඳව ද / ඒ ඇටගොඩ හා ගළපා බලන්නේ ය. / සැබැවින් ම මේ කය පවා / මෙබඳු ස්වභාවයට පත්වන්නේ ය / මෙබඳු ඉරණමට ගොදුරු වන්නේය/ මේ ස්වභාවය ඉක්මවා නැත්තේ ය යනුවෙනි /

ඉති අජ්ඣත්තං වා කායේ කායානුපස්සී විහරති. / බහිද්ධා වා කායේ කායානුපස්සී විහරති. / අජ්ඣත්තබහිද්ධා වා කායේ කායානුපස්සී විහරති. /

මේ ආකාරයෙන් / තමාගේ ශරීරයෙහි හෝ / සැබෑ තත්වය අවබෝධයෙන් ම දකිමින් / කායානුපස්සනාවෙන් වාසය කරයි. / අනුන්ගේ ශරීරයෙහි හෝ / සැබෑ තත්වය අවබෝධයෙන් ම දකිමින් / කායානුපස්සනාවෙන් වාසය කරයි. / තමාගේ ශරීරයෙහි හෝ / අනුන්ගේ ශරීරයෙහි හෝ / සැබෑ තත්වය අවබෝධයෙන් ම දකිමින් / මළ සිරුර අරමුණු කොට කායානුපස්සනාවෙන් වාසය කරයි. /

සමුදයධම්මානුපස්සී වා කායස්මිං විහරති. / වයධම්මානුපස්සී වා කායස්මිං විහරති. / සමුදයවයධම්මානුපස්සී වා කායස්මිං විහරති. /

මේ කයෙහි පැවැත්ම / හටගන්නා ආකාරය හෝ / අවබෝධයෙන්ම දකිමින් / මළ සිරුර අරමුණු කොට කායානුපස්සනාවෙන් වාසය කරයි./

මේ කයෙහි පැවැත්ම / නැසීයන ආකාරය හෝ / අවබෝධයෙන්ම දකිමින් / මළ සිරුර අරමුණු කොට කායානුපස්සනාවෙන් වාසය කරයි. / මේ කයෙහි පැවැත්ම / හටගන්නා ආකාරය හෝ / නැසී යන ආකාරය හෝ / අවබෝධයෙන් ම දකිමින් / මළ සිරුර අරමුණු කොට කායානුපස්සනාවෙන් වාසය කරයි. /

අත්ථි කායෝ'ති වා පනස්ස සති පච්චුපට්ඨිතා හෝති. / යාවදේව ඤාණමත්තාය පතිස්සතිමත්තාය. / අනිස්සිතෝ ච විහරති. / න ච කිඤ්චි ලෝකේ උපාදියති. /

සොහොනක වැනසී යන ස්වභාවයෙන් යුක්ත වූ / කයක් හෝ පවතින්නේ යයි / ඔහුගේ සිහි නුවණ මනාව පිහිටන්නේය. / එය වනාහී ඔහු හට/ තවදුරටත් අවබෝධ ඤාණය දියුණු කරගැනීම පිණිස ද / සිහිනුවණ බලවත් කරගැනීම පිණිස ද උපකාරී වෙයි. / ලෝකයෙහි කිසිවක් කිසිම අයුරකින් / මාගේ කියා හෝ මම වෙමි යි කියා හෝ / මාගේ ආත්මය කියා හෝ / දැඩිව අල්ලා නොගෙන වාසය කරයි. /

ඒවම්පි බෝ භික්ඛවේ, භික්ඛු / කායේ කායානුපස්සී විහරති. /

ඔය ආකාරයෙනුත් පින්වත් මහණෙනි, / මේ ධර්මයෙහි හැසිරෙනු කැමති ශ්‍රාවකයා / කයෙහි පවතින සැබෑ තත්වය / අවබෝධයෙන්ම දකිමින් / කායානුපස්සනා සතිපට්ඨානයෙන් යුතුව / වාසය කරන්නේ වෙයි. /

පුන ච පරං භික්ඛවේ, භික්ඛු / සෙය්‍යථාපි පස්සෙය්‍ය සරීරං සීවථිකාය ඡඩ්ඩිතං, / අට්ඨිකානි පුඤ්ජිකතානි තේරෝවස්සිකානි, / සෝ ඉමමේව කායං උපසංහරති: / අයම්පි බෝ කායෝ ඒවං ධම්මෝ ඒවම්භාවී ඒතං අනතීතෝ'ති. /

නැවත වෙනත් කායානුපස්සනා භාවනාවක් පවසමි. / පින්වත් මහණෙනි, / මේ ධර්මයෙහි හැසිරෙනු කැමති ශ්‍රාවකයා / අමුසොහොනෙහි දමාගොස් තිබෙන්නා වූ මළ සිරුරක් / වසර ගණනාවක් ඉක්ම ගිය පසු / තැන තැන ගොඩ ගැසී තිබෙන / ඇටගොඩක් බවට පත්වෙන බව දකින්නේ යම් ආකාරයකින් ද / ඒ ආකාරයෙන් ම / තමාගේ කය පිළිබඳව ද / ඒ ඇටගොඩ හා ගළපා බලන්නේ ය. / සැබැවින් ම මේ කය පවා / මෙබඳු ස්වභාවයට පත්වන්නේ ය / මෙබඳු ඉරණමට ගොදුරු වන්නේ ය / මේ ස්වභාවය ඉක්මවා නැත්තේ ය යනුවෙනි /

ඉති අජ්ඣත්තං වා කායේ කායානුපස්සී විහරති. / බහිද්ධා වා කායේ කායානුපස්සී විහරති. / අජ්ඣත්තබහිද්ධා වා කායේ කායානුපස්සී විහරති. /

මේ ආකාරයෙන් / තමාගේ ශරීරයෙහි හෝ / සැබෑ තත්වය අවබෝධයෙන් ම දකිමින් / කායානුපස්සනාවෙන් වාසය කරයි. / අනුන්ගේ ශරීරයෙහි හෝ / සැබෑ තත්වය අවබෝධයෙන් ම දකිමින් / කායානුපස්සනාවෙන් වාසය කරයි. / තමාගේ ශරීරයෙහි හෝ / අනුන්ගේ ශරීරයෙහි හෝ / සැබෑ තත්වය අවබෝධයෙන් ම දකිමින් / මළ සිරුර අරමුණු කොට කායානුපස්සනාවෙන් වාසය කරයි. /

සමුදයධම්මානුපස්සී වා කායස්මිං විහරති. / වයධම්මානුපස්සී වා කායස්මිං විහරති. / සමුදයවයධම්මානුපස්සී වා කායස්මිං විහරති. /

මේ කයෙහි පැවැත්ම / හටගන්නා ආකාරය හෝ / අවබෝධයෙන්ම දකිමින් / මළ සිරුර අරමුණු කොට කායානුපස්සනාවෙන් වාසය කරයි./ මේ කයෙහි පැවැත්ම / නැසීයන ආකාරය හෝ / අවබෝධයෙන්ම දකිමින් / මළ සිරුර අරමුණු කොට කායානුපස්සනාවෙන් වාසය කරයි. / මේ කයෙහි පැවැත්ම / හටගන්නා ආකාරය හෝ / නැසී යන ආකාරය හෝ / අවබෝධයෙන් ම දකිමින් / මළ සිරුර අරමුණු කොට කායානුපස්සනාවෙන් වාසය කරයි. /

අත්ථි කායෝ'ති වා පනස්ස සති පච්චුපට්ඨිතා හෝති. / යාවදේව ඤාණමත්තාය පතිස්සතිමත්තාය. / අනිස්සිතෝ ච විහරති. / න ච කිඤ්චි ලෝකේ උපාදියති. /

සොහොනක වැනසී යන ස්වභාවයෙන් යුක්ත වූ / කයක් හෝ පවතින්නේ යයි / ඔහුගේ සිහි නුවණ මනාව පිහිටන්නේය / එය වනාහී ඔහු හට/ තවදුරටත් අවබෝධ ඤාණය දියුණු කරගැනීම පිණිස ද / සිහිනුවණ බලවත් කරගැනීම පිණිස ද උපකාරී වෙයි. / ලෝකයෙහි කිසිවක් කිසිම අයුරකින් / මාගේ කියා හෝ මම වෙමි යි කියා හෝ / මාගේ ආත්මය කියා හෝ / දැඩිව අල්ලා නොගෙන වාසය කරයි. /

ඒවම්පි බෝ භික්ඛවේ, භික්ඛු / කායේ කායානුපස්සී විහරති. /

ඔය ආකාරයෙනුත් පින්වත් මහණෙනි, / මේ ධර්මයෙහි හැසිරෙනු කැමති ශ්‍රාවකයා / කයෙහි පවතින සැබෑ තත්වය / අවබෝධයෙන්ම

දකිමින් / කායානුපස්සනා සතිපට්ඨානයෙන් යුතුව / වාසය කරන්නේ වෙයි. /

පුන ච පරං භික්ඛවේ, භික්ඛු / සෙය්‍යථාපි පස්සෙය්‍ය සරීරං සීවථිකාය ඡඩ්ඩිතං, / අට්ඨිකානි පූතීනි චුණ්ණකජාතානි, / සෝ ඉමමේව කායං උපසංහරති: / අයම්පි ඛෝ කායෝ ඒවං ධම්මෝ ඒවම්භාවී ඒතං අනතීතෝ’ති. /

නැවත වෙනත් කායානුපස්සනා භාවනාවක් පවසමි./ පින්වත් මහණෙනි, / මේ ධර්මයෙහි හැසිරෙනු කැමති ශ්‍රාවකයා / අමුසොහොනෙහි දමාගොස් තිබෙන්නා වූ මළ සිරුරක් / ඇට කුණු වීමෙන් හුණුබවට පත්වී ඇති බව / දිරීමට පත්වී ඇති බව දකින්නේ යම් ආකාරයකින් ද / ඒ ආකාරයෙන් ම / තමාගේ කය පිළිබඳව ද / ඒ ඇටගොඩ හා ගළපා බලන්නේ ය. / සැබැවින් ම මේ කය පවා / මෙබඳු ස්වභාවයට පත්වන්නේ ය / මෙබඳු ඉරණමට ගොදුරු වන්නේය/ මේ ස්වභාවය ඉක්මවා නැත්තේ ය යනුවෙනි /

ඉති අජ්ඣත්තං වා කායේ කායානුපස්සී විහරති. / බහිද්ධා වා කායේ කායානුපස්සී විහරති. / අජ්ඣත්තබහිද්ධා වා කායේ කායානුපස්සී විහරති. /

මේ ආකාරයෙන් / තමාගේ ශරීරයෙහි හෝ / සැබෑ තත්වය අවබෝධයෙන් ම දකිමින් / කායානුපස්සනාවෙන් වාසය කරයි. / අනුන්ගේ ශරීරයෙහි හෝ / සැබෑ තත්වය අවබෝධයෙන් ම දකිමින් / කායානුපස්සනාවෙන් වාසය කරයි. / තමාගේ ශරීරයෙහි හෝ / අනුන්ගේ ශරීරයෙහි හෝ / සැබෑ තත්වය අවබෝධයෙන් ම දකිමින් / මළ සිරුර අරමුණු කොට කායානුපස්සනාවෙන් වාසය කරයි. /

සමුදයධම්මානුපස්සී වා කායස්මිං විහරති. / වයධම්මානුපස්සී වා කායස්මිං විහරති. / සමුදයවයධම්මානුපස්සී වා කායස්මිං විහරති. /

මේ කයෙහි පැවැත්ම / හටගන්නා ආකාරය හෝ / අවබෝධයෙන්ම දකිමින් / මළ සිරුර අරමුණු කොට කායානුපස්සනාවෙන් වාසය කරයි./ මේ කයෙහි පැවැත්ම / නැසීයන ආකාරය හෝ / අවබෝධයෙන්ම දකිමින් / මළ සිරුර අරමුණු කොට කායානුපස්සනාවෙන් වාසය කරයි. / මේ කයෙහි පැවැත්ම / හටගන්නා ආකාරය හෝ / නැසී යන

ආකාරය හෝ / අවබෝධයෙන් ම දකිමින් / මළ සිරුර අරමුණු කොට කායානුපස්සනාවෙන් වාසය කරයි. /

අත්ථි කායෝ'ති වා පනස්ස සති පච්චුපට්ඨිතා හෝති. / යාවදේව ඤාණමත්තාය පතිස්සතිමත්තාය. / අනිස්සිතෝ ච විහරති. / න ච කිඤ්චි ලෝකේ උපාදියති. /

ඇට ගොඩ පවා වැනසී යන ස්වභාවයෙන් යුක්ත වූ / කයක් හෝ පවතින්නේ යයි / ඔහුගේ සිහි නුවණ මනාව පිහිටන්නේය / එය වනාහී ඔහු හට / තවදුරටත් අවබෝධ ඤාණය දියුණු කරගැනීම පිණිස ද / සිහිනුවණ බලවත් කරගැනීම පිණිස ද උපකාරී වෙයි. / ලෝකයෙහි කිසිවක් කිසිම අයුරකින් / මාගේ කියා හෝ මම වෙමි යි කියා හෝ / මාගේ ආත්මය කියා හෝ / දැඩිව අල්ලා නොගෙන වාසය කරයි. /

ඒවම්පි බෝ භික්ඛවේ, භික්ඛු / කායේ කායානුපස්සී විහරති. /

ඔය ආකාරයෙනුත් පින්වත් මහණෙනි, / මේ ධර්මයෙහි හැසිරෙනු කැමති ශ්‍රාවකයා / කයෙහි පවතින සැබෑ තත්වය / අවබෝධයෙන්ම දකිමින් / කායානුපස්සනා සතිපට්ඨානයෙන් යුතුව / වාසය කරන්නේ වෙයි. /

(කායානුපස්සනා සතිපට්ඨානය නිමා විය)

(වේදනානුපස්සනා සතිපට්ඨානය)

කථඤ්ච භික්ඛවේ, භික්ඛු / වේදනාසු වේදනානුපස්සී විහරති? /

පින්වත් මහණෙනි, / මේ ධර්මයෙහි හැසිරෙනු කැමති ශ්‍රාවකයා/ සැප දුක් උපේක්ෂා විඳීම් කෙරෙහි පවතින සැබෑ තත්වය / අවබෝධයෙන් ම දකිමින් / වේදනානුපස්සනා භාවනාවෙන් / වාසය කරන්නේ කෙසේද? /

ඉධ භික්ඛවේ, භික්ඛු / සුඛං වේදනං වේදියමානෝ, / සුඛං වේදනං වේදියාමී'ති පජානාති. /

පින්වත් මහණෙනි, / මේ ධර්මයෙහි හැසිරෙනු කැමති ශ්‍රාවකයා/ සැප වේදනාවක් විඳිනවිට / සැප වේදනාවක් විඳින බව / හොඳින් තේරුම් ගනී. /

දුක්ඛං වා වේදනං වේදියමානෝ, / දුක්ඛං වේදනං වේදියාමී'ති පජානාති. /

දුක් වේදනාවක් හෝ විඳිනවිට / දුක් වේදනාවක් විඳිනබව / හොඳින් තේරුම් ගනී /

අදුක්ඛමසුඛං වා වේදනං වේදියමානෝ, / අදුක්ඛමසුඛං වේදනං වේදියාමී'ති පජානාති. /

උපේක්ෂා වේදනාවක් හෝ විඳින විට / උපේක්ෂා වේදනාවක් විඳිනබව/ හොඳින් තේරුම්ගනී. /

සාමිසං වා සුඛං වේදනං වේදියමානෝ, / සාමිසං සුඛං වේදනං වේදියාමී'ති පජානාති. /

ආමිෂයෙන් යුක්ත වූ සැප වේදනාවක් හෝ විඳින විට / ආමිෂයෙන් යුක්ත වූ සැප වේදනාවක් විඳිනබව / හොඳින් තේරුම්ගනී. /

නිරාමිසං වා සුඛං වේදනං වේදියමානෝ, / නිරාමිසං සුඛං වේදනං වේදියාමී'ති පජානාති. /

නිරාමිෂ වූ සැප වේදනාවක් හෝ විඳිනවිට / නිරාමිෂ වූ සැප වේදනාවක් විඳිනබව / හොඳින් තේරුම්ගනී. /

සාමිසං වා දුක්ඛං වේදනං වේදියමානෝ, / සාමිසං දුක්ඛං වේදනං වේදියාමී'ති පජානාති. /

ආමිෂයෙන් යුක්ත වූ දුක් වේදනාවක් හෝ විඳිනවිට / ආමිෂයෙන් යුක්ත වූ දුක් වේදනාවක් විඳිනබව / හොඳින් තේරුම් ගනී /

නිරාමිසං වා දුක්ඛං වේදනං වේදියමානෝ, / නිරාමිසං දුක්ඛං වේදනං වේදියාමී'ති පජානාති. /

නිරාමිෂ වූ දුක් වේදනාවක් හෝ විඳිනවිට / නිරාමිෂ වූ දුක් වේදනාවක් විඳින බව / හොඳින් තේරුම් ගනී /

සාමිසං වා අදුක්ඛමසුඛං වේදනං වේදියමානෝ, / සාමිසං අදුක්ඛමසුඛං වේදනං වේදියාමී'ති පජානාති. /

ආමිෂයෙන් යුක්ත වූ උපේක්ෂා වේදනාවක් හෝ විඳින විට / ආමිෂයෙන් යුක්ත වූ උපේක්ෂා වේදනාවක් විඳින බව / හොඳින් තේරුම් ගනී. /

නිරාමිසං වා අදුක්ඛමසුඛං වේදනං වේදියමානෝ, / නිරාමිසං අදුක්ඛමසුඛං වේදනං වේදියාමී'ති පජානාති. /

නිරාමිෂ වූ උපේක්ෂා වේදනාවක් හෝ විඳින විට / නිරාමිෂ වූ උපේක්ෂා වේදනාවක් විඳිනබව / හොඳින් තේරුම් ගනී.

ඉති අජ්ඣත්තං වා වේදනාසු වේදනානුපස්සී විහරති. / බහිද්ධා වා වේදනාසු වේදනානුපස්සී විහරති. / අජ්ඣත්තබහිද්ධා වා වේදනාසු වේදනානුපස්සී විහරති. /

මේ ආකාරයෙන් / තමාගේ හෝ වේදනාවන් පිළිබඳ / සැබෑ තත්වය අවබෝධයෙන් ම දකිමින් / වේදනානුපස්සනාවෙන් වාසය කරයි. / අනුන්ගේ හෝ වේදනාවන් පිළිබඳ / සැබෑ තත්වය අවබෝධයෙන් ම දකිමින් / වේදනානුපස්සනාවෙන් වාසය කරයි. / තමාගේ හෝ අනුන්ගේ හෝ / වේදනාවන් පිළිබඳ සැබෑ තත්වය / අවබෝධයෙන් ම දකිමින්/ වේදනානුපස්සනාවෙන් වාසය කරයි. /

සමුදයධම්මානුපස්සී වා වේදනාසු විහරති. / වයධම්මානුපස්සී වා වේදනාසු විහරති. / සමුදයවයධම්මානුපස්සී වා වේදනාසු විහරති. /

මේ සියලු වේදනාවන් / හටගන්නා ආකාරය හෝ / අවබෝධයෙන්ම දකිමින් / වේදනානුපස්සනාවෙන් වාසය කරයි. / මේ සියලු වේදනාවන් / නැසීයන ආකාරය හෝ / අවබෝධයෙන් ම දකිමින්/ වේදනානුපස්සනාවෙන් වාසය කරයි. / මේ සියලු වේදනාවන් / හටගන්නා ආකාරය හෝ / නැසී යන ආකාරය හෝ / අවබෝධයෙන්ම දකිමින් / වේදනානුපස්සනාවෙන් වාසය කරයි. /

අත්ථි වේදනා'ති වා පනස්ස සති පච්චුපට්ඨිතා හෝති. / යාවදේව ඤාණමත්තාය පතිස්සතිමත්තාය / අනිස්සිතෝ ච විහරති. / න ච කිඤ්චි ලෝකේ උපාදියති. /

සැප දුක් උපේක්ෂා විඳීම් හෝ ඇත්තේ යැයි කියා / ඔහුගේ සිහි නුවණ මනාව පිහිටන්නේය. / එය වනාහී ඔහු හට / තවදුරටත් අවබෝධ ඤාණය දියුණු කරගැනීම පිණිස ද / සිහිනුවණ බලවත් කරගැනීම පිණිස ද උපකාරී වෙයි. / ලෝකයෙහි කිසිවක් කිසිම අයුරකින් / මාගේ කියා හෝ මම වෙමි යි කියා හෝ / මාගේ ආත්මය කියා හෝ / දැඩිව අල්ලා නොගෙන වාසය කරයි. /

ඒවම්පි ඛෝ භික්ඛවේ, භික්ඛු / වේදනාසු වේදනානුපස්සී විහරති./

ඔය ආකාරයෙනුත් පින්වත් මහණෙනි, / මේ ධර්මයෙහි හැසිරෙනු කැමති ශ්‍රාවකයා / මේ සියලු වේදනාවන් පිළිබඳ සැබෑ තත්වය / අවබෝධයෙන් ම දකිමින් / වේදනානුපස්සනා සතිපට්ඨානයෙන් යුතුව/ වාසය කරන්නේ වෙයි. /

(වේදනානුපස්සනා සතිපට්ඨානය නිමා විය)

(චිත්තානුපස්සනා සතිපට්ඨානය)

කථඤ්ච භික්ඛවේ, භික්ඛු / චිත්තේ චිත්තානුපස්සී විහරති? /

පින්වත් මහණෙනි, / මේ ධර්මයෙහි හැසිරෙනු කැමති ශ්‍රාවකයා / සිත පිළිබඳ සැබෑ තත්වය / අවබෝධයෙන්ම දකිමින් / චිත්තානුපස්සනා භාවනාවෙන් වාසය කරන්නේ කෙසේද? /

ඉධ භික්ඛවේ, භික්ඛු / සරාගං වා චිත්තං සරාගං චිත්තන්ති පජානාති. /

පින්වත් මහණෙනි, / මේ ධර්මයෙහි හැසිරෙනු කැමති ශ්‍රාවකයා/ රාග සහිත සිතක් හෝ හටගන්නේ නම් / රාග සහිත සිතක් හටගත් බව/ හොඳින් තේරුම් ගනී. /

වීතරාගං වා චිත්තං වීතරාගං චිත්තන්ති පජානාති. /

වීතරාගී සිතක් හෝ හටගන්නේ නම් / වීතරාගී සිතක් හටගත් බව/ හොඳින් තේරුම්ගනී. /

සදෝසං වා චිත්තං සදෝසං චිත්තන්ති පජානාති. /

ද්වේෂ සහිත සිතක් හෝ හටගන්නේ නම් / ද්වේෂ සහිත සිතක් හටගත් බව / හොඳින් තේරුම් ගනී. /

වීතදෝසං වා චිත්තං වීතදෝසං චිත්තන්ති පජානාති. /

ද්වේෂයෙන් තොර සිතක් හෝ හටගන්නේ නම් / ද්වේෂයෙන් තොර සිතක් හටගත් බව / හොඳින් තේරුම්ගනී. /

සමෝහං වා චිත්තං සමෝහං චිත්තන්ති පජානාති. /

මෝහ සහිත සිතක් හෝ හටගන්නේ නම් / මෝහ සහිත සිතක් හටගත් බව / හොඳින් තේරුම්ගනී. /

වීතමෝහං වා චිත්තං වීතමෝහං චිත්තන්ති පජානාති. /

මෝහයෙන් තොර සිතක් හෝ හටගන්නේ නම් / මෝහයෙන් තොර සිතක් හටගත් බව / හොඳින් තේරුම් ගනී. /

සංඛිත්තං වා චිත්තං සංඛිත්තං චිත්තන්ති පජානාති. /

තමා තුළට හැකිළී පවතින සිතක් හෝ හටගන්නේ නම් / තමා තුළට හැකිළී පවතින සිතක් හටගත් බව / හොඳින් තේරුම් ගනී. /

වික්ඛිත්තං වා චිත්තං වික්ඛිත්තං චිත්තන්ති පජානාති. /

බාහිරට විසිරී පවතින සිතක් හෝ හටගන්නේ නම් / බාහිරට විසිරී පවතින සිතක් හටගත් බව / හොඳින් තේරුම්ගනී. /

මහග්ගතං වා චිත්තං මහග්ගතං චිත්තන්ති පජානාති. /

සිහිනුවණ බලවත්ව පවතින සිතක් හෝ හටගන්නේ නම් / සිහිනුවණ බලවත්ව පවතින සිතක් හටගත් බව / හොඳින් තේරුම්ගනී. /

අමහග්ගතං වා චිත්තං අමහග්ගතං චිත්තන්ති පජානාති. /

සිහිනුවණ දුර්වල සිතක් හෝ හටගන්නේ නම් / සිහිනුවණ දුර්වල සිතක් හටගත් බව / හොඳින් තේරුම්ගනී. /

සඋත්තර වා චිත්තං සඋත්තරං චිත්තන්ති පජානාති. /

සමාධිය වැඩෙන සිතක් හෝ හටගන්නේ නම් / සමාධිය වැඩෙන සිතක් හටගත් බව / හොඳින් තේරුම් ගනී. /

අනුත්තරං වා චිත්තං අනුත්තරං චිත්තන්ති පජානාති. /

බලවත් ලෙස සමාධිය වැඩුනු සිතක් හෝ හටගන්නේ නම් / බලවත් ලෙස සමාධිය වැඩුනු සිතක් හටගත් බව / හොඳින් තේරුම් ගනී. /

සමාහිතං වා චිත්තං සමාහිතං චිත්තන්ති පජානාති. /

සමාහිත වූ සිතක් හෝ හටගන්නේ නම් / සමාහිත සිතක් හටගත් බව / හොඳින් තේරුම් ගනී. /

අසමාහිතං වා චිත්තං අසමාහිතං චිත්තන්ති පජානාති. /

අසමාහිත වූ සිතක් හෝ හටගන්නේ නම් / අසමාහිත සිතක් හටගත් බව / හොඳින් තේරුම් ගනී. /

විමුත්තං වා චිත්තං විමුත්තං චිත්තන්ති පජානාති. /

කෙලෙසුන්ගෙන් මිදුනු සිතක් හෝ හටගන්නේ නම් / කෙලෙසුන්ගෙන් මිදුන සිතක් හටගත් බව / හොඳින් තේරුම් ගනී. /

අවිමුත්තං වා චිත්තං අවිමුත්තං චිත්තන්ති පජානාති. /

කෙලෙසුන්ගෙන් නොමිදුනු සිතක් හෝ හටගන්නේ නම් / කෙලෙසුන්ගෙන් නොමිදුන සිතක් හටගත් බව / හොඳින් තේරුම් ගනී. /

ඉති අජ්ඣත්තං වා චිත්තේ චිත්තානුපස්සී විහරති. / බහිද්ධා

වා චිත්තේ චිත්තානුපස්සී විහරති. / අජ්ඣත්තබහිද්ධා වා චිත්තේ චිත්තානුපස්සී විහරති. /

මේ ආකාරයෙන් / තමාගේ හෝ සිත පිළිබඳ / සැබෑ තත්වය අවබෝධයෙන් ම දකිමින් / චිත්තානුපස්සනාවෙන් වාසය කරයි. / අනුන්ගේ හෝ සිත පිළිබඳ / සැබෑ තත්වය අවබෝධයෙන් ම දකිමින්/ චිත්තානුපස්සනාවෙන් වාසය කරයි. / තමාගේ හෝ අනුන්ගේ හෝ / සිත පිළිබඳ සැබෑ තත්වය / අවබෝධයෙන් ම දකිමින් / චිත්තානුපස්සනාවෙන් වාසය කරයි. /

සමුදයධම්මානුපස්සී වා චිත්තස්මිං විහරති. / වයධම්මානුපස්සී වා චිත්තස්මිං විහරති. / සමුදයවයධම්මානුපස්සී වා චිත්තස්මිං විහරති. /

මේ සියලු සිත් / හටගන්නා ආකාරය හෝ / අවබෝධයෙන් ම දකිමින් / චිත්තානුපස්සනාවෙන් වාසය කරයි. / මේ සියලු සිත් / නැසීයන ආකාරය හෝ / අවබෝධයෙන් ම දකිමින් / චිත්තානුපස්සනාවෙන් වාසය කරයි. / මේ සියලු සිත් / හටගන්නා ආකාරය හෝ / නැසීයන ආකාරය හෝ / අවබෝධයෙන් ම දකිමින් / චිත්තානුපස්සනාවෙන් වාසය කරයි. /

අත්ථි චිත්තන්ති වා පනස්ස සති පච්චුපට්ඨිතා හෝති. / යාවදේව ඤාණමත්තාය පතිස්සතිමත්තාය / අනිස්සිතෝ ච විහරති. / න ච කිඤ්චි ලෝකේ උපාදියති. /

සොළොස් වැදෑරුම් සිතක් හෝ ඇත්තේ යැයි කියා / ඔහුගේ සිහි නුවණ මනාව පිහිටන්නේය / එය වනාහී ඔහු හට / තවදුරටත් අවබෝධ ඤාණය දියුණු කරගැනීම පිණිස ද / සිහිනුවණ බලවත් කරගැනීම පිණිස ද උපකාරී වෙයි. / ලෝකයෙහි කිසිවක් කිසිම අයුරකින් / මාගේ කියා හෝ මම වෙමි යි කියා හෝ / මාගේ ආත්මය කියා හෝ/ දැඩිව අල්ලා නොගෙන වාසය කරයි. /

ඒවම්පි බෝ භික්ඛවේ, භික්ඛු / චිත්තේ චිත්තානුපස්සී විහරති. /

ඔය ආකාරයෙනුත් පින්වත් මහණෙනි, / මේ ධර්මයෙහි හැසිරෙනු කැමති ශ්‍රාවකයා / මේ සියලු සිත් පිළිබඳ සැබෑ තත්වය / අවබෝධයෙන් ම දකිමින් / චිත්තානුපස්සනා සතිපට්ඨානයෙන් යුතුව / වාසය කරන්නේ වෙයි. /

(චිත්තානුපස්සනා සතිපට්ඨානය නිමා විය)

(ධම්මානුපස්සනා සතිපට්ඨානය)

කථඤ්ච භික්ඛවේ, භික්ඛු / ධම්මේසු ධම්මානුපස්සී විහරති? /

පින්වත් මහණෙනි, / මේ ධර්මයෙහි හැසිරෙනු කැමති ශ්‍රාවකයා/ ධර්මයන් පිළිබඳ සැබෑ තත්වය / අවබෝධයෙන්ම දකිමින් / ධම්මානුපස්සනා භාවනාවෙන් වාසය කරන්නේ කෙසේද? /

ඉධ භික්ඛවේ, භික්ඛු / ධම්මේසු ධම්මානුපස්සී විහරති / පඤ්චසු නීවරණේසු. /

පින්වත් මහණෙනි, / මේ ධර්මයෙහි හැසිරෙනු කැමති ශ්‍රාවකයා/ සිහි නුවණ දුර්වල කරන්නා වූ / සිත කිළිටි කරන්නා වූ / පංච නීවරණයන් පිළිබඳ සැබෑ තත්වය / අවබෝධයෙන්ම දකිමින් / ධම්මානුපස්සනාවෙන් වාසය කරයි. /

කථඤ්ච භික්ඛවේ, භික්ඛු / ධම්මේසු ධම්මානුපස්සී විහරති / පඤ්චසු නීවරණේසු? /

පින්වත් මහණෙනි, / මේ ධර්මයෙහි හැසිරෙනු කැමති ශ්‍රාවකයා / මේ පංච නීවරණයන් පිළිබඳ සැබෑ තත්වය / අවබෝධයෙන් ම දකිමින්/ ධම්මානුපස්සනාවෙන් වාසය කරන්නේ කෙසේද? /

ඉධ භික්ඛවේ, භික්ඛු / සන්තං වා අජ්ඣත්තං කාමච්ඡන්දං / 'අත්ථි මේ අජ්ඣත්තං කාමච්ඡන්දෝ'ති පජානාති. / අසන්තං වා අජ්ඣත්තං කාමච්ඡන්දං / 'නත්ථි මේ අජ්ඣත්තං කාමච්ඡන්දෝ'ති පජානාති. / යථා ච අනුප්පන්නස්ස කාමච්ඡන්දස්ස උප්පාදෝ හෝති,/ තඤ්ච පජානාති. / යථා ච උප්පන්නස්ස කාමච්ඡන්දස්ස පහානං හෝති, / තඤ්ච පජානාති. / යථා ච පහීනස්ස කාමච්ඡන්දස්ස ආයතිං අනුප්පාදෝ හෝති, / තඤ්ච පජානාති. /

පින්වත් මහණෙනි, / මේ ධර්මයෙහි හැසිරෙනු කැමති ශ්‍රාවකයා / තමා තුළ පංචකාමයන් පිළිබඳ ආශාව / පවතින්නේ නම් හෝ / තමා තුළ කාමච්ඡන්දය පවතින බව / හොඳින් තේරුම්ගනී. / තමා තුළ පංචකාමයන් පිළිබඳ ආශාව / නොපවතින්නේ නම් හෝ / තමා තුළ කාමච්ඡන්දය නොපවතින බව / හොඳින් තේරුම්ගනී. / නොහටගත්තා වූ කාමච්ඡන්දය / යම් කරුණක් නිසා හටගන්නේ වේද / එය ද හොඳින්

තේරුම්ගනී. / හටගත්තා වූ කාමච්ඡන්දය / යම් කරුණක් නිසා ප්‍රහීන වී යන්නේ ද / එය ද හොඳින් තේරුම් ගනී. / එසේ ප්‍රහීන වී ගිය කාමච්ඡන්දය / යළි කිසිදා නොහටගන්නේ වේද / එය ද හොඳින් තේරුම්ගනී. /

සන්තං වා අජ්ඣත්තං ව්‍යාපාදං / 'අත්ථි මේ අජ්ඣත්තං ව්‍යාපාදො'ති පජානාති. / අසන්තං වා අජ්ඣත්තං ව්‍යාපාදං / 'නත්ථි මේ අජ්ඣත්තං ව්‍යාපාදො'ති පජානාති. / යථා ච අනුප්පන්නස්ස ව්‍යාපාදස්ස උප්පාදො හෝති, / තඤ්ච පජානාති. / යථා ච උප්පන්නස්ස ව්‍යාපාදස්ස පහානං හෝති, / තඤ්ච පජානාති. / යථා ච පහීනස්ස ව්‍යාපාදස්ස ආයතිං අනුප්පාදො හෝති, / තඤ්ච පජානාති. /

තමා තුළ ද්වේෂය පවතින්නේ නම් හෝ / තමා තුළ ද්වේෂය පවතින බව / හොඳින් තේරුම් ගනී. / තමා තුළ ද්වේෂය නොපවතින්නේ නම් හෝ / තමා තුළ ද්වේෂය නොපවතින බව / හොඳින් තේරුම් ගනී./ නොහටගත්තා වූ ද්වේෂය / යම් කරුණක් නිසා හටගන්නේ වේද / එය ද හොඳින් තේරුම්ගනී. / හටගත්තා වූ ද්වේෂය / යම් කරුණක් නිසා ප්‍රහීන වී යන්නේ ද / එය ද හොඳින් තේරුම්ගනී. / එසේ ප්‍රහීන වී ගිය ද්වේෂය / යළි කිසිදා නොහටගන්නේ වේ ද / එය ද හොඳින් තේරුම්ගනී. /

සන්තං වා අජ්ඣත්තං ථීනමිද්ධං / 'අත්ථි මේ අජ්ඣත්තං ථීනමිද්ධන්ති පජානාති. / අසන්තං වා අජ්ඣත්තං ථීනමිද්ධං / 'නත්ථි මේ අජ්ඣත්තං ථීනමිද්ධන්ති පජානාති. / යථා ච අනුප්පන්නස්ස ථීනමිද්ධස්ස උප්පාදො හෝති, / තඤ්ච පජානාති. / යථා ච උප්පන්නස්ස ථීනමිද්ධස්ස පහානං හෝති, / තඤ්ච පජානාති. / යථා ච පහීනස්ස ථීනමිද්ධස්ස ආයතිං අනුප්පාදො හෝති, / තඤ්ච පජානාති. /

තමා තුළ නිදිමත හා අලසබව පවතින්නේ නම් හෝ / තමා තුළ නිදිමත හා අලසබව පවතින බව / හොඳින් තේරුම්ගනී. / තමා තුළ නිදිමත හා අලසබව නොපවතින්නේ නම් හෝ / තමා තුළ නිදිමත හා අලසබව නොපවතින බව / හොඳින් තේරුම් ගනී. / නොහටගත්තා වූ නිදිමත හා අලසබව / යම් කරුණක් නිසා හටගන්නේ වේ ද / එය ද හොඳින් තේරුම්ගනී. / හටගත්තාවූ නිදිමත හා අලසබව / යම් කරුණක් නිසා ප්‍රහීන වී යන්නේ ද / එය ද හොඳින් තේරුම් ගනී. / එසේ ප්‍රහීන

වී ගිය නිදිමත හා අලසබව / යළි කිසිදා නොහටගන්නේ වේ ද / එය ද හොඳින් තේරුම්ගනී. /

සන්තං වා අජ්ඣත්තං උද්ධච්චකුක්කුච්චං / 'අත්ථි මේ අජ්ඣත්තං උද්ධච්චකුක්කුච්චන්ති පජානාති. / අසන්තං වා අජ්ඣත්තං උද්ධච්චකුක්කුච්චං / 'නත්ථි මේ අජ්ඣත්තං උද්ධච්චකුක්කුච්චන්ති පජානාති. / යථා ච අනුප්පන්නස්ස උද්ධච්චකුක්කුච්චස්ස උප්පාදෝ හෝති,/ තඤ්ච පජානාති. / යථා ච උප්පන්නස්ස උද්ධච්චකුක්කුච්චස්ස පහානං හෝති, / තඤ්ච පජානාති. / යථා ච පහීනස්ස උද්ධච්චකුක්කුච්චස්ස ආයතිං අනුප්පාදෝ හෝති, / තඤ්ච පජානාති. /

තමා තුළ සිතේ විසිරීම හා පසුතැවීම පවතින්නේ නම් හෝ / තමා තුළ සිතේ විසිරීම හා පසුතැවීම පවතින බව / හොඳින් තේරුම් ගනී. / තමා තුළ සිතේ විසිරීම හා පසුතැවීම නොපවතින්නේ නම් හෝ / තමා තුළ සිතේ විසිරීම හා පසුතැවීම නොපවතින බව / හොඳින් තේරුම් ගනී. / නොහටගත්තා වූ සිතේ විසිරීම හා පසුතැවීම / යම් කරුණක් නිසා හටගන්නේ වේ ද / එය ද හොඳින් තේරුම් ගනී. / හටගත්තා වූ සිතේ විසිරීම හා පසුතැවීම / යම් කරුණක් නිසා ප්‍රහීන වී යන්නේ වේ ද/ එය ද හොඳින් තේරුම් ගනී. / එසේ ප්‍රහීන වී ගිය සිතේ විසිරීම හා පසුතැවීම / යළි කිසිදා නොහටගන්නේ වේ ද / එය ද හොඳින් තේරුම් ගනී. /

සන්තං වා අජ්ඣත්තං විචිකිච්ඡං / 'අත්ථි මේ අජ්ඣත්තං විචිකිච්ඡා'ති පජානාති. / අසන්තං වා අජ්ඣත්තං විචිකිච්ඡං / 'නත්ථි මේ අජ්ඣත්තං විචිකිච්ඡා'ති පජානාති. / යථා ච අනුප්පන්නාය විචිකිච්ඡාය උප්පාදෝ හෝති, / තඤ්ච පජානාති. / යථා ච උප්පන්නාය විචිකිච්ඡාය පහානං හෝති, / තඤ්ච පජානාති. / යථා ච පහීනාය විචිකිච්ඡාය ආයතිං අනුප්පාදෝ හෝති, / තඤ්ච පජානාති. /

තමා තුළ සැකසංකා පවතින්නේ නම් හෝ / තමා තුළ සැකසංකා පවතින බව / හොඳින් තේරුම්ගනී. / තමා තුළ සැකසංකා නොපවතින්නේ නම් හෝ / තමා තුළ සැකසංකා නොපවතින බව / හොඳින් තේරුම් ගනී. / නොහටගත්තා වූ සැකසංකා යම් කරුණකින් හටගන්නේ වේ ද / එය ද හොඳින් තේරුම් ගනී. / හටගත්තා වූ සැකසංකා / යම් කරුණක් නිසා ප්‍රහීන වී යන්නේ ද / එය ද හොඳින් තේරුම් ගනී. / එසේ ප්‍රහීන

වී ගිය සැකසංකා / යළි කිසිදා නොහටගන්නේ වේ ද / එය ද හොඳින් තේරුම් ගනී. /

ඉති අජ්ඣත්තං වා ධම්මේසු ධම්මානුපස්සී විහරති. / බහිද්ධා වා ධම්මේසු ධම්මානුපස්සී විහරති. / අජ්ඣත්තබහිද්ධා වා ධම්මේසු ධම්මානුපස්සී විහරති. /

මේ ආකාරයෙන් / තමාගේ පංච නීවරණ පිළිබඳ හෝ / සැබෑ තත්වය අවබෝධයෙන් ම දකිමින් / ධම්මානුපස්සනාවෙන් වාසය කරයි./ අනුන්ගේ පංච නීවරණ පිළිබඳ හෝ / සැබෑ තත්වය අවබෝධයෙන් ම දකිමින් / ධම්මානුපස්සනාවෙන් වාසය කරයි. / තමාගේ පංච නීවරණ පිළිබඳ හෝ / අනුන්ගේ පංච නීවරණ පිළිබඳ හෝ / සැබෑ තත්වය අවබෝධයෙන් ම දකිමින් / ධම්මානුපස්සනාවෙන් වාසය කරයි. /

සමුදයධම්මානුපස්සී වා ධම්මේසු විහරති. / වයධම්මානුපස්සී වා ධම්මේසු විහරති. / සමුදයවයධම්මානුපස්සී වා ධම්මේසු විහරති. /

මේ පංච නීවරණයන් / හටගන්නා ආකාරය හෝ / අවබෝධයෙන් ම දකිමින් / ධම්මානුපස්සනාවෙන් වාසය කරයි. / මේ පංච නීවරණයන් / නැසීයන ආකාරය හෝ / අවබෝධයෙන් ම දකිමින්/ ධම්මානුපස්සනාවෙන් වාසය කරයි. / මේ පංච නීවරණයන් / හටගන්නා ආකාරය හෝ / නැසී යන ආකාරය හෝ / අවබෝධයෙන් ම දකිමින්/ ධම්මානුපස්සනාවෙන් වාසය කරයි. /

අත්ථි ධම්මා'ති වා පනස්ස සති පච්චුපට්ඨිතා හෝති. / යාවදේව ඤාණමත්තාය පතිස්සතිමත්තාය. / අනිස්සිතෝ ච විහරති. / න ච කිඤ්චි ලෝකේ උපාදියති. /

පංචනීවරණ ධර්මයෝ හෝ ඇත්තාහ යයි / ඔහුගේ සිහි නුවණ මනාව පිහිටන්නේය. / එය වනාහී ඔහු හට / තවදුරටත් අවබෝධ ඤාණය දියුණු කරගැනීම පිණිස ද / සිහිනුවණ බලවත් කරගැනීම පිණිස ද උපකාරී වෙයි. / ලෝකයෙහි කිසිවක් කිසිම අයුරකින් / මාගේ කියා හෝ මම වෙමි යි කියා හෝ / මාගේ ආත්මය කියා හෝ / දැඩිව අල්ලා නොගෙන වාසය කරයි. /

ඒවම්පි බෝ භික්ඛවේ, භික්ඛු / ධම්මේසු ධම්මානුපස්සී විහරති / පඤ්චසු නීවරණේසු. /

ඔය ආකාරයෙනුත් පින්වත් මහණෙනි, / මේ ධර්මයෙහි හැසිරෙනු කැමති ශ්‍රාවකයා / පංච නීවරණයන් පිළිබඳ සැබෑ තත්වය / අවබෝධයෙන් ම දකිමින් / ධම්මානුපස්සනා සතිපට්ඨානයෙන් යුතුව/ වාසය කරන්නේ වෙයි. /

පුන ච පරං භික්ඛවේ, භික්ඛු / ධම්මේසු ධම්මානුපස්සී විහරති / පඤ්චසු උපාදානක්ඛන්ධේසු. / කථඤ්ච භික්ඛවේ, භික්ඛු / ධම්මේසු ධම්මානුපස්සී විහරති / පඤ්චසු උපාදානක්ඛන්ධේසු? /

නැවත වෙනත් ධම්මානුපස්සනා භාවනාවක් පවසමි. / පින්වත් මහණෙනි, / මේ ධර්මයෙහි හැසිරෙනු කැමති ශ්‍රාවකයා / පංචඋපාදානස්කන්ධයන් පිළිබඳ / සැබෑ තත්වය අවබෝධයෙන් ම දකිමින් / ධම්මානුපස්සනාවෙන් වාසය කරයි. / පින්වත් මහණෙනි, / මේ ධර්මයෙහි හැසිරෙනු කැමති ශ්‍රාවකයා / පංචඋපාදානස්කන්ධයන්ගේ සැබෑ තත්වය / අවබෝධයෙන් ම දකිමින් / ධම්මානුපස්සනාවෙන් වාසය කරන්නේ කෙසේද? /

ඉධ භික්ඛවේ, භික්ඛු / 'ඉති රූපං, ඉති රූපස්ස සමුදයෝ, / ඉති රූපස්ස අත්ථංගමෝ. /

පින්වත් මහණෙනි, / මේ ධර්මයෙහි හැසිරෙනු කැමති ශ්‍රාවකයා/ රූපය මෙබඳු ස්වභාවයෙන් යුක්ත වූයේ වෙයි. / රූපයේ හටගැනීම මෙබඳු ස්වභාවයෙන් යුක්ත වූයේ වෙයි. / රූපයේ නැතිවීම මෙබඳු ස්වභාවයෙන් යුක්ත වූයේ වෙයි කියා / නුවණින් විමසා බලන්නේය.

ඉති වේදනා, ඉති වේදනාය සමුදයෝ, / ඉති වේදනාය අත්ථංගමෝ. /

වේදනාවන් මෙබඳු ස්වභාවයෙන් යුක්ත වූයේ වෙයි. / වේදනාවන්ගේ හටගැනීම මෙබඳු ස්වභාවයෙන් යුක්ත වූයේ වෙයි. / වේදනාවන්ගේ නැතිවීම මෙබඳු ස්වභාවයෙන් යුක්ත වූයේ වෙයි කියා / නුවණින් විමසා බලන්නේය.

ඉති සඤ්ඤා, ඉති සඤ්ඤාය සමුදයෝ, / ඉති සඤ්ඤාය අත්ථංගමෝ, /

සඤ්ඤාව මෙබඳු ස්වභාවයෙන් යුක්ත වූයේ වෙයි. / සඤ්ඤාවේ හටගැනීම මෙබඳු ස්වභාවයෙන් යුක්ත වූයේ වෙයි. / සඤ්ඤාවේ නැති

වීම මෙබඳු ස්වභාවයෙන් යුක්ත වූයේ වෙයි කියා / නුවණින් විමසා බලන්නේය.

ඉති සංඛාරා, ඉති සංඛාරානං සමුදයෝ, / ඉති සංඛාරානං අත්ථංගමෝ, /

සංස්කාරයෝ මෙබඳු ස්වභාවයෙන් යුක්ත වූවාහු ය. / සංස්කාරයන්ගේ හටගැනීම මෙබඳු ස්වභාවයෙන් යුක්ත වූයේ වෙයි. / සංස්කාරයන්ගේ නැතිවීම මෙබඳු ස්වභාවයෙන් යුක්ත වූයේ වෙයි කියා / නුවණින් විමසා බලන්නේය.

ඉති විඤ්ඤාණං, ඉති විඤ්ඤාණස්ස සමුදයෝ, / ඉති විඤ්ඤාණස්ස අත්ථංගමෝ'ති. /

විඤ්ඤාණය මෙබඳු ස්වභාවයෙන් යුක්ත වූයේ වෙයි. / විඤ්ඤාණයේ හටගැනීම මෙබඳු ස්වභාවයෙන් යුක්ත වූයේ වෙයි. / විඤ්ඤාණයේ නැතිවීම මෙබඳු ස්වභාවයෙන් යුක්ත වූයේ වෙයි කියා / නුවණින් විමසා බලන්නේය.

ඉති අජ්ඣත්තං වා ධම්මේසු ධම්මානුපස්සී විහරති. / බහිද්ධා වා ධම්මේසු ධම්මානුපස්සී විහරති. / අජ්ඣත්තබහිද්ධා වා ධම්මේසු ධම්මානුපස්සී විහරති. /

මේ ආකාරයෙන් / තමාගේ පංචුපාදානස්කන්ධයන් පිළිබඳ හෝ/ සැබෑ තත්වය අවබෝධයෙන් ම දකිමින් / ධම්මානුපස්සනාවෙන් වාසය කරයි. / අනුන්ගේ පංචුපාදානස්කන්ධයන් පිළිබඳ හෝ / සැබෑ තත්වය අවබෝධයෙන් ම දකිමින් / ධම්මානුපස්සනාවෙන් වාසය කරයි. / තමාගේ පංචුපාදානස්කන්ධයන් පිළිබඳ හෝ / අනුන්ගේ පංචුපාදානස්කන්ධයන් පිළිබඳ හෝ / සැබෑ තත්වය අවබෝධයෙන් ම දකිමින් / ධම්මානුපස්සනාවෙන් වාසය කරයි. /

සමුදයධම්මානුපස්සී වා ධම්මේසු විහරති. / වයධම්මානුපස්සී වා ධම්මේසු විහරති. / සමුදයවයධම්මානුපස්සී වා ධම්මේසු විහරති. /

මේ පංචුපාදානස්කන්ධයන් / හටගන්නා ආකාරය හෝ/ අවබෝධයෙන් ම දකිමින් / ධම්මානුපස්සනාවෙන් වාසය කරයි./ මේ පංචුපාදානස්කන්ධයන් / නැසීයන ආකාරය හෝ / අවබෝධයෙන් ම දකිමින් / ධම්මානුපස්සනාවෙන් වාසය කරයි. /

මේ පංචුපාදානස්කන්ධයන්/ හටගන්නා ආකාරය හෝ / නැසී යන ආකාරය හෝ / අවබෝධයෙන් ම දකිමින් / ධම්මානුපස්සනාවෙන් වාසය කරයි. /

අත්ථි ධම්මා'ති වා පනස්ස සති පච්චුපට්ඨිතා හෝති. / යාවදේව ඤාණමත්තාය පතිස්සතිමත්තාය / අනිස්සිතෝ ච විහරති. / න ච කිඤ්චි ලෝකේ උපාදියති. /

පංචුපාදානස්කන්ධ ධර්මයෝ හෝ ඇත්තාහ යයි / ඔහුගේ සිහි නුවණ මනාව පිහිටන්නේය. / එය වනාහී ඔහු හට / තවදුරටත් අවබෝධ ඤාණය දියුණු කරගැනීම පිණිස ද / සිහිනුවණ බලවත් කරගැනීම පිණිස ද උපකාරී වෙයි. / ලෝකයෙහි කිසිවක් කිසිම අයුරකින් / මාගේ කියා හෝ මම වෙමි යි කියා හෝ / මාගේ ආත්මය කියා හෝ/ දැඩිව අල්ලා නොගෙන වාසය කරයි. /

ඒවම්පි බෝ භික්ඛවේ, භික්ඛු / ධම්මේසු ධම්මානුපස්සී විහරති / පඤ්චසු උපාදානක්ඛන්ධේසු. /

ඔය ආකාරයෙනුත් පින්වත් මහණෙනි, / මේ ධර්මයෙහි හැසිරෙනු කැමති ශ්‍රාවකයා / පංචුපාදානස්කන්ධයන් පිළිබඳ සැබෑ තත්වය / අවබෝධයෙන් ම දකිමින් / ධම්මානුපස්සනා සතිපට්ඨානයෙන් යුතුව/ වාසය කරන්නේ වෙයි. /

පුන ච පරං භික්ඛවේ, භික්ඛු / ධම්මේසු ධම්මානුපස්සී විහරති/ ඡසු අජ්ඣත්තිකබාහිරේසු ආයතනේසු. / කථඤ්ච භික්ඛවේ, භික්ඛු/ ධම්මේසු ධම්මානුපස්සී විහරති / ඡසු අජ්ඣත්තිකබාහිරේසු ආයතනේසු?/

නැවත වෙනත් ධම්මානුපස්සනා භාවනාවක් පවසමි. / පින්වත් මහණෙනි, / මේ ධර්මයෙහි හැසිරෙනු කැමති ශ්‍රාවකයා / සය වැදෑරුම් ආධ්‍යාත්මික බාහිර ආයතනයන්ගේ සැබෑ තත්වය / අවබෝධයෙන් ම දකිමින් / ධම්මානුපස්සනාවෙන් වාසය කරයි. / පින්වත් මහණෙනි, / මේ ධර්මයෙහි හැසිරෙනු කැමති ශ්‍රාවකයා / සය වැදෑරුම් ආධ්‍යාත්මික බාහිර ආයතනයන්ගේ සැබෑ තත්වය / අවබෝධයෙන් ම දකිමින් / ධම්මානුපස්සනාවෙන් වාසය කරන්නේ කෙසේ ද? /

ඉධ භික්ඛවේ, භික්ඛු / චක්ඛුඤ්ච පජානාති. / රූපේ ච පජානාති./ යඤ්ච තදුභයං පටිච්ච උප්පජ්ජති සඤ්ඤෝජනං, / තඤ්ච පජානාති./

යථා ච අනුප්පන්නස්ස සඤ්ඤෝජනස්ස උප්පාදෝ හෝති, / තඤ්ච පජානාති. / යථා ච උප්පන්නස්ස සඤ්ඤෝජනස්ස පහානං හෝති,/ තඤ්ච පජානාති. / යථා ච පහීනස්ස සඤ්ඤෝජනස්ස ආයතිං අනුප්පාදෝ හෝති, / තඤ්ච පජානාති. /

පින්වත් මහණෙනි, / මේ ධර්මයෙහි හැසිරෙනු කැමති ශ්‍රාවකයා/ ඇසෙහි ස්වභාවය ද / හොඳින් තේරුම්ගනී. / ඇසට පෙනෙන රූපයේ ස්වභාවය ද / හොඳින් තේරුම්ගනී. / ඇසත් රූපත් නිසා සිත කෙලෙසුන්ට බැඳෙන ආකාරය ද / හොඳින් තේරුම්ගනී. / යම් කරුණක් නිසා / නූපන් කෙලෙස් බන්ධන හටගන්නේ වේ ද / එය ද හොඳින් තේරුම්ගනී. / යම් කරුණක් නිසා / හටගත් කෙලෙස් බන්ධන දුරුවී යන්නේ වේ ද / එය ද හොඳින් තේරුම්ගනී. / යම් කරුණක් නිසා / දුරුවී ගිය කෙලෙස් බන්ධන / යළි කිසිදා නොහටගන්නේ වේ ද / එය ද හොඳින් තේරුම්ගනී. /

සෝතං ච පජානාති. / සද්දේ ච පජානාති. / යඤ්ච තදුභයං පටිච්ච උප්පජ්ජති සඤ්ඤෝජනං, / තඤ්ච පජානාති. / යථා ච අනුප්පන්නස්ස සඤ්ඤෝජනස්ස උප්පාදෝ හෝති, / තඤ්ච පජානාති. / යථා ච උප්පන්නස්ස සඤ්ඤෝජනස්ස පහානං හෝති, / තඤ්ච පජානාති./ යථා ච පහීනස්ස සඤ්ඤෝජනස්ස ආයතිං අනුප්පාදෝ හෝති, / තඤ්ච පජානාති. /

කනෙහි ස්වභාවය ද / හොඳින් තේරුම්ගනී. / කනට ඇසෙන ශබ්දයේ ස්වභාවය ද / හොඳින් තේරුම්ගනී. / කනත් ශබ්දයත් නිසා සිත කෙලෙසුන්ට බැඳෙන ආකාරය ද / හොඳින් තේරුම්ගනී. / යම් කරුණක් නිසා / නූපන් කෙලෙස් බන්ධන හටගන්නේ වේ ද / එය ද හොඳින් තේරුම්ගනී. / යම් කරුණක් නිසා / හටගත් කෙලෙස් බන්ධන දුරුවී යන්නේ වේ ද / එය ද හොඳින් තේරුම්ගනී. / යම් කරුණක් නිසා / දුරුවී ගිය කෙලෙස් බන්ධන / යළි කිසිදා නොහටගන්නේ වේ ද / එය ද හොඳින් තේරුම්ගනී. /

ඝානඤ්ච පජානාති. / ගන්ධේ ච පජානාති. / යඤ්ච තදුභයං පටිච්ච උප්පජ්ජති සඤ්ඤෝජනං, / තඤ්ච පජානාති. / යථා ච අනුප්පන්නස්ස සඤ්ඤෝජනස්ස උප්පාදෝ හෝති, / තඤ්ච පජානාති./ යථා ච උප්පන්නස්ස සඤ්ඤෝජනස්ස පහානං හෝති, / තඤ්ච

පජානාති. / යථා ච පහීනස්ස සඤ්ඤෝජනස්ස ආයතිං අනුප්පාදො හෝති, / තඤ්ච පජානාති. /

නාසයෙහි ස්වභාවය ද / හොඳින් තේරුම්ගනී. / නාසයට දැනෙන ගඳසුවඳේ ස්වභාවය ද / හොඳින් තේරුම්ගනී. / නාසයත් ගඳසුවඳත් නිසා සිත කෙලෙසුන්ට බැඳෙන ආකාරය ද / හොඳින් තේරුම්ගනී. / යම් කරුණක් නිසා / නූපන් කෙලෙස් බන්ධන හටගන්නේ වේ ද / එය ද හොඳින් තේරුම්ගනී. / යම් කරුණක් නිසා / හටගත් කෙලෙස් බන්ධන දුරුවී යන්නේ වේ ද / එය ද හොඳින් තේරුම්ගනී. / යම් කරුණක් නිසා/ දුරුවී ගිය කෙලෙස් බන්ධන / යළි කිසිදා නො හටගන්නේ වේ ද / එය ද හොඳින් තේරුම්ගනී. /

ජිව්හඤ්ච පජානාති. / රසේ ච පජානාති. / යඤ්ච තදුභයං පටිච්ච උප්පජ්ජති සඤ්ඤෝජනං, / තඤ්ච පජානාති. / යථා ච අනුප්පන්නස්ස සඤ්ඤෝජනස්ස උප්පාදො හෝති, / තඤ්ච පජානාති. / යථා ච උප්පන්නස්ස සඤ්ඤෝජනස්ස පහානං හෝති, / තඤ්ච පජානාති./ යථා ච පහීනස්ස සඤ්ඤෝජනස්ස ආයතිං අනුප්පාදො හෝති, / තඤ්ච පජානාති. /

දිවෙහි ස්වභාවය ද / හොඳින් තේරුම්ගනී. / දිවට දැනෙන රසයේ ස්වභාවය ද / හොඳින් තේරුම්ගනී. / දිවත් රසයත් නිසා සිත කෙලෙසුන්ට බැඳෙන ආකාරය ද / හොඳින් තේරුම්ගනී. / යම් කරුණක් නිසා / නූපන් කෙලෙස් බන්ධන හටගන්නේ වේ ද / එය ද හොඳින් තේරුම්ගනී. / යම් කරුණක් නිසා / හටගත් කෙලෙස් බන්ධන දුරුවී යන්නේ වේ ද / එය ද හොඳින් තේරුම්ගනී. / යම් කරුණක් නිසා / දුරුවී ගිය කෙලෙස් බන්ධන / යළි කිසිදා නොහටගන්නේ වේ ද / එය ද හොඳින් තේරුම්ගනී. /

කායඤ්ච පජානාති. / ඵොට්ඨබ්බේ ච පජානාති. / යඤ්ච තදුභයං පටිච්ච උප්පජ්ජති සඤ්ඤෝජනං, / තඤ්ච පජානාති. / යථා ච අනුප්පන්නස්ස සඤ්ඤෝජනස්ස උප්පාදො හෝති, / තඤ්ච පජානාති./ යථා ච උප්පන්නස්ස සඤ්ඤෝජනස්ස පහානං හෝති,/ තඤ්ච පජානාති. / යථා ච පහීනස්ස සඤ්ඤෝජනස්ස ආයතිං අනුප්පාදො හෝති, / තඤ්ච පජානාති. /

කයෙහි ස්වභාවය ද / හොඳින් තේරුම්ගනී. / කයට දැනෙන

පහසේ ස්වභාවය ද / හොඳින් තේරුම්ගනී. / කයත් පහසත් නිසා සිත කෙලෙසුන්ට බැඳෙන ආකාරය ද / හොඳින් තේරුම්ගනී. / යම් කරුණක් නිසා / නූපන් කෙලෙස් බන්ධන හටගන්නේ වේද / එය ද හොඳින් තේරුම්ගනී. / යම් කරුණක් නිසා / හටගත් කෙලෙස් බන්ධන දුරුවී යන්නේ වේ ද / එය ද හොඳින් තේරුම්ගනී. / යම් කරුණක් නිසා / දුරුවී ගිය කෙලෙස් බන්ධන / යළි කිසිදා නොහටගන්නේ වේ ද / එය ද හොඳින් තේරුම්ගනී. /

මනඤ්ච පජානාති. / ධම්මේ ච පජානාති. / යඤ්ච තදුභයං පටිච්ච උප්පජ්ජති සඤ්ඤෝජනං, / තඤ්ච පජානාති. / යථා ච අනුප්පන්නස්ස සඤ්ඤෝජනස්ස උප්පාදෝ හෝති, / තඤ්ච පජානාති. / යථා ච උප්පන්නස්ස සඤ්ඤෝජනස්ස පහානං හෝති, / තඤ්ච පජානාති./ යථා ච පහීනස්ස සඤ්ඤෝජනස්ස ආයතිං අනුප්පාදෝ හෝති, / තඤ්ච පජානාති. /

මනසෙහි ස්වභාවය ද / හොඳින් තේරුම්ගනී. / මනසට සිතෙන අරමුණුවල ස්වභාවය ද / හොඳින් තේරුම්ගනී. / මනසත් අරමුණුත් නිසා සිත කෙලෙසුන්ට බැඳෙන ආකාරය ද / හොඳින් තේරුම් ගනී./ යම් කරුණක් නිසා / නූපන් කෙලෙස් බන්ධන හටගන්නේ වේ ද / එය ද හොඳින් තේරුම්ගනී. / යම් කරුණක් නිසා / හටගත් කෙලෙස් බන්ධන දුරුවී යන්නේ වේ ද / එය ද හොඳින් තේරුම්ගනී. / යම් කරුණක් නිසා/ දුරුවී ගිය කෙලෙස් බන්ධන / යළි කිසිදා නො හටගන්නේ වේ ද / එය ද හොඳින් තේරුම්ගනී. /

ඉති අජ්ඣත්තං වා ධම්මේසු ධම්මානුපස්සී විහරති. / බහිද්ධා වා ධම්මේසු ධම්මානුපස්සී විහරති. / අජ්ඣත්තබහිද්ධා වා ධම්මේසු ධම්මානුපස්සී විහරති. /

මේ ආකාරයෙන් / තමාගේ සය වැදෑරුම් ආධ්‍යාත්මික බාහිර ආයතනයන් පිළිබඳ හෝ / සැබෑ තත්වය අවබෝධයෙන් ම දකිමින්/ ධම්මානුපස්සනාවෙන් වාසය කරයි. / අනුන්ගේ සය වැදෑරුම් ආධ්‍යාත්මික බාහිර ආයතනයන් පිළිබඳ හෝ / සැබෑ තත්වය අවබෝධයෙන්ම දකිමින් / ධම්මානුපස්සනාවෙන් වාසය කරයි. / තමාගේ සය වැදෑරුම් ආධ්‍යාත්මික බාහිර ආයතනයන් පිළිබඳ හෝ / අනුන්ගේ සය වැදෑරුම් ආධ්‍යාත්මික බාහිර ආයතනයන් පිළිබඳ හෝ / සැබෑ තත්වය අවබෝධයෙන් ම දකිමින් / ධම්මානුපස්සනාවෙන් වාසය කරයි. /

සමුදයධම්මානුපස්සී වා ධම්මේසු විහරති. / වයධම්මානුපස්සී වා ධම්මේසු විහරති. / සමුදයවයධම්මානුපස්සී වා ධම්මේසු විහරති. /

මේ සය වැදෑරුම් ආධ්‍යාත්මික බාහිර ආයතනයන් / හටගන්නා ආකාරය හෝ / අවබෝධයෙන් ම දකිමින් / ධම්මානුපස්සනාවෙන් වාසය කරයි. / මේ සය වැදෑරුම් ආධ්‍යාත්මික බාහිර ආයතනයන් / නැසීයන ආකාරය හෝ / අවබෝධයෙන් ම දකිමින් / ධම්මානුපස්සනාවෙන් වාසය කරයි. / මේ සය වැදෑරුම් ආධ්‍යාත්මික බාහිර ආයතනයන් / හටගන්නා ආකාරය හෝ / නැසී යන ආකාරය හෝ / අවබෝධයෙන් ම දකිමින් / ධම්මානුපස්සනාවෙන් වාසය කරයි. /

අත්ථි ධම්මා'ති වා පනස්ස සති පච්චුපට්ඨිතා හෝති. / යාවදේව ඤාණමත්තාය පතිස්සතිමත්තාය. / අනිස්සිතෝ ච විහරති. / න ච කිඤ්චි ලෝකේ උපාදියති. /

සය වැදෑරුම් ආධ්‍යාත්මික බාහිර ආයතන නමැති ධර්මයෝ හෝ ඇත්තාහ යයි / ඔහුගේ සිහි නුවණ මනාව පිහිටන්නේය. / එය වනාහී ඔහු හට / තවදුරටත් අවබෝධ ඤාණය දියුණු කරගැනීම පිණිස ද / සිහිනුවණ බලවත් කරගැනීම පිණිස ද උපකාරී වෙයි. / ලෝකයෙහි කිසිවක් කිසිම අයුරකින් / මාගේ කියා හෝ මම වෙමි යි කියා හෝ / මාගේ ආත්මය කියා හෝ / දැඩිව අල්ලා නොගෙන වාසය කරයි. /

ඒවම්පි ඛෝ භික්ඛවේ, භික්ඛු / ධම්මේසු ධම්මානුපස්සී විහරති / ඡසු අජ්ඣත්තිකබාහිරේසු ආයතනේසු. /

ඔය ආකාරයෙනුත් පින්වත් මහණෙනි, / මේ ධර්මයෙහි හැසිරෙනු කැමති ශ්‍රාවකයා / සය වැදෑරුම් ආධ්‍යාත්මික බාහිර ආයතනයන් පිළිබඳ සැබෑ තත්වය / අවබෝධයෙන් ම දකිමින් / ධම්මානුපස්සනා සතිපට්ඨානයෙන් යුතුව / වාසය කරන්නේ වෙයි. /

පුන ච පරං භික්ඛවේ, භික්ඛු / ධම්මේසු ධම්මානුපස්සී විහරති,/ සත්තසු බොජ්ඣංගේසු. / කථඤ්ච භික්ඛවේ, භික්ඛු / ධම්මේසු ධම්මානුපස්සී විහරති / සත්තසු බොජ්ඣංගේසු? /

නැවත වෙනත් ධම්මානුපස්සනා භාවනාවක් පවසමි. / පින්වත් මහණෙනි, / මේ ධර්මයෙහි හැසිරෙනු කැමති ශ්‍රාවකයා / සත් වැදෑරුම් වූ බොජ්ඣංග ධර්මයන් පිළිබඳව / සැබෑ තත්වය අවබෝධයෙන් ම

දකිමින් / ධම්මානුපස්සනාවෙන් වාසය කරයි. / පින්වත් මහණෙනි,/ මේ ධර්මයෙහි හැසිරෙනු කැමති ශ්‍රාවකයා / සත් වැදෑරුම් වූ බොජ්ඣංග ධර්මයන් පිළිබඳව / සැබෑ තත්වය අවබෝධයෙන් ම දකිමින් / ධම්මානුපස්සනාවෙන් වාසය කරන්නේ කෙසේද? /

ඉධ භික්ඛවේ, භික්ඛු / සන්තං වා අජ්ඣත්තං සතිසම්බොජ්ඣංගං / අත්ථි මේ අජ්ඣත්තං සතිසම්බොජ්ඣංගෝ'ති පජානාති./ අසන්තං වා අජ්ඣත්තං සතිසම්බොජ්ඣංගං / නත්ථි මේ අජ්ඣත්තං සති සම්බොජ්ඣංගෝ'ති පජානාති. / යථා ච අනුප්පන්නස්ස සති සම්බොජ්ඣංගස්ස උප්පාදෝ හෝති, / තඤ්ච පජානාති. / යථා ච උප්පන්නස්ස සතිසම්බොජ්ඣංගස්ස භාවනාය පාරිපූරී හෝති, / තඤ්ච පජානාති. /

පින්වත් මහණෙනි, / මේ ධර්මයෙහි හැසිරෙනු කැමති ශ්‍රාවකයා/ තමා තුළ සති සම්බොජ්ඣංගය පවතින්නේ නම් හෝ / තමා තුළ සති සම්බොජ්ඣංගය පවතින බව / හොඳින් තේරුම්ගනී. / තමා තුළ සති සම්බොජ්ඣංගය නොපවතින්නේ නම් හෝ / තමා තුළ සති සම්බොජ්ඣංගය නොපවතින බව / හොඳින් තේරුම්ගනී. / නොහටගත්තා වූ සති සම්බොජ්ඣංගය / යම් කරුණක් නිසා හටගන්නේ වේ ද / එය ද හොඳින් තේරුම්ගනී. / හටගත්තා වූ සති සම්බොජ්ඣංගය / යම් කරුණක් නිසා / භාවනාව තුළින් සම්පූර්ණත්වයට පත් වන්නේ නම් / එය ද හොඳින් තේරුම් ගනී. /

සන්තං වා අජ්ඣත්තං ධම්මවිචයසම්බොජ්ඣංගං / අත්ථි මේ අජ්ඣත්තං ධම්මවිචයසම්බොජ්ඣංගෝ'ති පජානාති. / අසන්තං වා අජ්ඣත්තං ධම්මවිචයසම්බොජ්ඣංගං / නත්ථි මේ අජ්ඣත්තං ධම්මවිචයසම්බොජ්ඣංගෝ'ති පජානාති. / යථා ච අනුප්පන්නස්ස ධම්මවිචයසම්බොජ්ඣංගස්ස උප්පාදෝ හෝති, / තඤ්ච පජානාති. / යථා ච උප්පන්නස්ස ධම්මවිචයසම්බොජ්ඣංගස්ස භාවනාය පාරිපූරී හෝති, / තඤ්ච පජානාති. /

තමා තුළ ධම්මවිචය සම්බොජ්ඣංගය පවතින්නේ නම් හෝ / තමා තුළ ධම්මවිචය සම්බොජ්ඣංගය පවතින බව / හොඳින් තේරුම්ගනී. / තමා තුළ ධම්මවිචය සම්බොජ්ඣංගය නොපවතින්නේ නම් හෝ / තමා තුළ ධම්මවිචය සම්බොජ්ඣංගය නොපවතින බව / හොඳින් තේරුම්

ගනී. / නොහටගත්තා වූ ධම්මවිචය සම්බොජ්ඣංගය / යම් කරුණක් නිසා හටගන්නේ වේ ද / එය ද හොඳින් තේරුම්ගනී. / හටගත්තා වූ ධම්මවිචය සම්බොජ්ඣංගය / යම් කරුණක් නිසා / භාවනාව තුළින් සම්පූර්ණත්වයට පත් වන්නේ නම් / එය ද හොඳින් තේරුම් ගනී. /

සන්තං වා අජ්ඣත්තං විරියසම්බොජ්ඣංගං / අත්ථි මේ අජ්ඣත්තං විරියසම්බොජ්ඣංගෝ'ති පජානාති. / අසන්තං වා අජ්ඣත්තං විරියසම්බොජ්ඣංගං / නත්ථි මේ අජ්ඣත්තං විරියසම්බොජ්ඣංගෝ'ති පජානාති. / යථා ච අනුප්පන්නස්ස විරියසම්බොජ්ඣංගස්ස උප්පාදෝ හෝති, / තඤ්ච පජානාති. / යථා ච උප්පන්නස්ස විරියසම්බොජ්ඣංග-ස්ස භාවනාය පාරිපූරී හෝති, / තඤ්ච පජානාති. /

තමා තුළ විරිය සම්බොජ්ඣංගය පවතින්නේ නම් හෝ / තමා තුළ විරිය සම්බොජ්ඣංගය පවතින බව / හොඳින් තේරුම්ගනී. / තමා තුළ විරිය සම්බොජ්ඣංගය නොපවතින්නේ නම් හෝ / තමා තුළ විරිය සම්බොජ්ඣංගය නොපවතින බව / හොඳින් තේරුම්ගනී. / නොහටගත්තා වූ විරිය සම්බොජ්ඣංගය / යම් කරුණක් නිසා හටගන්නේ වේ ද / එය ද හොඳින් තේරුම්ගනී. / හටගත්තා වූ විරිය සම්බොජ්ඣංගය / යම් කරුණක් නිසා / භාවනාව තුළින් සම්පූර්ණත්වයට පත් වන්නේ නම් / එය ද හොඳින් තේරුම් ගනී. /

සන්තං වා අජ්ඣත්තං පීතිසම්බොජ්ඣංගං / අත්ථි මේ අජ්ඣත්තං පීතිසම්බොජ්ඣංගෝ'ති පජානාති. / අසන්තං වා අජ්ඣත්තං පීතිසම්බොජ්ඣංගං / නත්ථි මේ අජ්ඣත්තං පීතිසම්බොජ්ඣංගෝ'ති පජානාති. / යථා ච අනුප්පන්නස්ස පීතිසම්බොජ්ඣංගස්ස උප්පාදෝ හෝති, / තඤ්ච පජානාති. / යථා ච උප්පන්නස්ස පීතිසම්බොජ්ඣංග-ස්ස භාවනාය පාරිපූරී හෝති, / තඤ්ච පජානාති. /

තමා තුළ ප්‍රීති සම්බොජ්ඣංගය පවතින්නේ නම් හෝ / තමා තුළ ප්‍රීති සම්බොජ්ඣංගය පවතින බව / හොඳින් තේරුම්ගනී. / තමා තුළ ප්‍රීති සම්බොජ්ඣංගය නොපවතින්නේ නම් හෝ / තමා තුළ ප්‍රීති සම්බොජ්ඣංගය නොපවතින බව / හොඳින් තේරුම්ගනී. / නොහටගත්තා වූ ප්‍රීති සම්බොජ්ඣංගය / යම් කරුණක් නිසා හටගන්නේ වේ ද / එය ද හොඳින් තේරුම්ගනී. / හටගත්තා වූ ප්‍රීති සම්බොජ්ඣංගය / යම් කරුණක් නිසා / භාවනාව තුළින් සම්පූර්ණත්වයට පත්වන්නේ

නම් / එය ද හොඳින් තේරුම් ගනී. /

සන්තං වා අජ්ඣත්තං පස්සද්ධිසම්බොජ්ඣංගං / අත්ථි මේ අජ්ඣත්තං පස්සද්ධිසම්බොජ්ඣංගෝ'ති පජානාති. / අසන්තං වා අජ්ඣත්තං පස්සද්ධිසම්බොජ්ඣංගං / නත්ථි මේ අජ්ඣත්තං පස්සද්ධිසම්බොජ්ඣංගෝ'ති පජානාති. / යථා ච අනුප්පන්නස්ස පස්සද්ධිසම්බොජ්ඣංගස්ස උප්පාදො හෝති, / තඤ්ච පජානාති. / යථා ච උප්පන්නස්ස පස්සද්ධිසම්බොජ්ඣංගස්ස භාවනාය පාරිපූරී හෝති, / තඤ්ච පජානාති. /

තමා තුළ පස්සද්ධි සම්බොජ්ඣංගය පවතින්නේ නම් හෝ / තමා තුළ පස්සද්ධි සම්බොජ්ඣංගය පවතින බව / හොඳින් තේරුම්ගනී. / තමා තුළ පස්සද්ධි සම්බොජ්ඣංගය නොපවතින්නේ නම් හෝ / තමා තුළ පස්සද්ධි සම්බොජ්ඣංගය නොපවතින බව / හොඳින් තේරුම් ගනී. / නොහටගත්තා වූ පස්සද්ධි සම්බොජ්ඣංගය / යම් කරුණක් නිසා හටගන්නේ වේ ද / එය ද හොඳින් තේරුම්ගනී. / හටගත්තා වූ පස්සද්ධි සම්බොජ්ඣංගය / යම් කරුණක් නිසා / භාවනාව තුළින් සම්පූර්ණත්වයට පත් වන්නේ නම් / එය ද හොඳින් තේරුම් ගනී. /

සන්තං වා අජ්ඣත්තං සමාධිසම්බොජ්ඣංගං / අත්ථි මේ අජ්ඣත්තං සමාධිසම්බොජ්ඣංගෝ'ති පජානාති. / අසන්තං වා අජ්ඣත්තං සමාධිසම්බොජ්ඣංගං / නත්ථි මේ අජ්ඣත්තං සමාධිසම්බොජ්ඣංගෝ'ති පජානාති. / යථා ච අනුප්පන්නස්ස සමාධිසම්බොජ්ඣංගස්ස උප්පාදො හෝති, / තඤ්ච පජානාති. / යථා ච උප්පන්නස්ස සමාධිසම්බොජ්ඣංගස්ස භාවනාය පාරිපූරී හෝති, / තඤ්ච පජානාති. /

තමා තුළ සමාධි සම්බොජ්ඣංගය පවතින්නේ නම් හෝ / තමා තුළ සමාධි සම්බොජ්ඣංගය පවතින බව / හොඳින් තේරුම්ගනී. / තමා තුළ සමාධි සම්බොජ්ඣංගය නොපවතින්නේ නම් හෝ / තමා තුළ සමාධි සම්බොජ්ඣංගය නොපවතින බව / හොඳින් තේරුම් ගනී. / නොහටගත්තා වූ සමාධි සම්බොජ්ඣංගය / යම් කරුණක් නිසා හටගන්නේ වේ ද / එය ද හොඳින් තේරුම්ගනී. / හටගත්තා වූ සමාධි සම්බොජ්ඣංගය / යම් කරුණක් නිසා / භාවනාව තුළින් සම්පූර්ණත්වයට පත් වන්නේ නම් / එය ද හොඳින් තේරුම් ගනී. /

සන්තං වා අජ්ඣත්තං උපෙක්ඛාසම්බොජ්ඣංගං / අත්ථි මේ අජ්ඣත්තං උපෙක්ඛාසම්බොජ්ඣංගෝ'ති පජානාති. / අසන්තං වා අජ්ඣත්තං උපෙක්ඛාසම්බොජ්ඣංගං / නත්ථි මේ අජ්ඣත්තං උපෙක්ඛාසම්බොජ්ඣංගෝ'ති පජානාති. / යථා ච අනුප්පන්නස්ස උපෙක්ඛාසම්බොජ්ඣංගස්ස උප්පාදෝ හෝති, / තඤ්ච පජානාති. / යථා ච උප්පන්නස්ස උපෙක්ඛාසම්බොජ්ඣංගස්ස භාවනාය පාරිපූරී හෝති, / තඤ්ච පජානාති. /

තමා තුළ උපේක්ෂා සම්බොජ්ඣංගය පවතින්නේ නම් හෝ / තමා තුළ උපේක්ෂා සම්බොජ්ඣංගය පවතින බව / හොඳින් තේරුම්ගනී. / තමා තුළ උපේක්ෂා සම්බොජ්ඣංගය නොපවතින්නේ නම් හෝ / තමා තුළ උපේක්ෂා සම්බොජ්ඣංගය නොපවතින බව / හොඳින් තේරුම් ගනී. / නොහටගත්තා වූ උපේක්ෂා සම්බොජ්ඣංගය / යම් කරුණක් නිසා හටගන්නේ වේ ද / එය ද හොඳින් තේරුම් ගනී. / හටගත්තා වූ උපේක්ෂා සම්බොජ්ඣංගය / යම් කරුණක් නිසා / භාවනාව තුළින් සම්පූර්ණත්වයට පත් වන්නේ නම් / එය ද හොඳින් තේරුම් ගනී. /

ඉති අජ්ඣත්තං වා ධම්මේසු ධම්මානුපස්සී විහරති. / බහිද්ධා වා ධම්මේසු ධම්මානුපස්සී විහරති. / අජ්ඣත්තබහිද්ධා වා ධම්මේසු ධම්මානුපස්සී විහරති. /

මේ ආකාරයෙන් / තමා තුළ තිබෙන්නා වූ / සත්වැදෑරුම් බොජ්ඣංග ධර්මයන් පිළිබඳ හෝ / සැබෑ තත්වය අවබෝධයෙන් ම දකිමින් / ධම්මානුපස්සනාවෙන් වාසය කරයි. / අනුන් තුළ තිබෙන්නා වූ / සත්වැදෑරුම් බොජ්ඣංග ධර්මයන් පිළිබඳ හෝ / සැබෑ තත්වය අවබෝධයෙන් ම දකිමින් / ධම්මානුපස්සනාවෙන් වාසය කරයි. / තමාගේ සත්වැදෑරුම් බොජ්ඣංග ධර්මයන් පිළිබඳ හෝ / අනුන්ගේ සත්වැදෑරුම් බොජ්ඣංග ධර්මයන් පිළිබඳ හෝ / සැබෑ තත්වය අවබෝධයෙන් ම දකිමින් / ධම්මානුපස්සනාවෙන් වාසය කරයි. /

සමුදයධම්මානුපස්සී වා ධම්මේසු විහරති. / වයධම්මානුපස්සී වා ධම්මේසු විහරති. / සමුදයවයධම්මානුපස්සී වා ධම්මේසු විහරති. /

මේ සත්වැදෑරුම් බොජ්ඣංග ධර්මයන් / හටගන්නා ආකාරය හෝ/ අවබෝධයෙන් ම දකිමින් / ධම්මානුපස්සනාවෙන් වාසය කරයි./ මේ සත්වැදෑරුම් බොජ්ඣංග ධර්මයන් / නැසීයන ආකාරය හෝ /

අවබෝධයෙන් ම දකිමින් / ධම්මානුපස්සනාවෙන් වාසය කරයි. / මේ සත්වැදෑරුම් බොජ්ඣංග ධර්මයන් / හටගන්නා ආකාරය හෝ / නැසී යන ආකාරය හෝ / අවබෝධයෙන් ම දකිමින් / ධම්මානුපස්සනාවෙන් වාසය කරයි. /

අත්ථි ධම්මා'ති වා පනස්ස සති පච්චුපට්ඨිතා හෝති. / යාවදේව ඤාණමත්තාය පතිස්සතිමත්තාය. / අනිස්සිතෝ ච විහරති. / න ච කිඤ්චි ලෝකේ උපාදියති. /

සත්වැදෑරුම් බොජ්ඣංග ධර්මයෝ හෝ ඇත්තාහ යයි / ඔහුගේ සිහි නුවණ මනාව පිහිටන්නේය / එය වනාහී ඔහු හට / තවදුරටත් අවබෝධ ඤාණය දියුණු කරගැනීම පිණිස ද / සිහිනුවණ බලවත් කරගැනීම පිණිස ද උපකාරී වෙයි. / ලෝකයෙහි කිසිවක් කිසිම අයුරකින් / මාගේ කියා හෝ මම වෙමි යි කියා හෝ / මාගේ ආත්මය කියා හෝ/ දැඩිව අල්ලා නොගෙන වාසය කරයි. /

ඒවම්පි බෝ භික්ඛවේ, භික්ඛු / ධම්මේසු ධම්මානුපස්සී විහරති / සත්තසු බොජ්ඣංගේසු. /

ඔය ආකාරයෙනුත් පින්වත් මහණෙනි, / මේ ධර්මයෙහි හැසිරෙනු කැමති ශ්‍රාවකයා / මේ සත් වැදෑරුම් බොජ්ඣංග ධර්මයන් පිළිබඳ සැබෑ තත්වය / අවබෝධයෙන් ම දකිමින් / ධම්මානුපස්සනා සතිපට්ඨානයෙන් යුතුව / වාසය කරන්නේ වෙයි. /

පුන ච පරං භික්ඛවේ, භික්ඛු / ධම්මේසු ධම්මානුපස්සී විහරති/ චතූසු අරියසච්චේසු. / කථඤ්ච භික්ඛවේ, භික්ඛු / ධම්මේසු ධම්මානුපස්සී විහරති / චතූසු අරියසච්චේසු? /

නැවත වෙනත් ධම්මානුපස්සනා භාවනාවක් පවසමි. / පින්වත් මහණෙනි, / මේ ධර්මයෙහි හැසිරෙනු කැමති ශ්‍රාවකයා / චතුරාර්ය සත්‍ය ධර්මයන්ගේ සැබෑ තත්වය / අවබෝධයෙන් ම දකිමින් / ධම්මානුපස්සනාවෙන් වාසය කරයි. / පින්වත් මහණෙනි, / මේ ධර්මයෙහි හැසිරෙනු කැමති ශ්‍රාවකයා / චතුරාර්ය සත්‍ය ධර්මයන්ගේ සැබෑ තත්වය / අවබෝධයෙන් ම දකිමින් / ධම්මානුපස්සනාවෙන් වාසය කරන්නේ කෙසේද? /

ඉධ භික්ඛවේ, භික්ඛු / ඉදං දුක්ඛන්ති යථාභූතං පජානාති. / අයං

දුක්ඛසමුදයෝ'ති යථාභූතං පජානාති. / අයං දුක්ඛනිරෝධෝ'ති යථාභූතං පජානාති. / අයං දුක්ඛනිරෝධගාමිනීපටිපදා'ති යථාභූතං පජානාති. /

පින්වත් මහණෙනි, / මේ ධර්මයෙහි හැසිරෙනු කැමති ශ්‍රාවකයා / මෙය වනාහී දුක නම් වූ ආර්ය සත්‍යයයි කියා / දුකෙහි පවතින සත්‍ය ස්වභාවය / හොඳින් තේරුම්ගනී. / මෙය වනාහී දුක් උපදවන්නා වූ හේතුව නම් වූ ආර්ය සත්‍යයයි කියා / දුක් උපදවන හේතුව පිළිබඳ සත්‍ය ස්වභාවය / හොඳින් තේරුම්ගනී. / මෙය වනාහී දුක් නිරුද්ධ වීම නම් වූ ආර්ය සත්‍යයයි කියා / දුක් නිරුද්ධ වීම පිළිබඳ සත්‍ය ස්වභාවය / හොඳින් තේරුම්ගනී / මෙය වනාහී දුක් නිරුද්ධ වීම පිණිස පවතින / ප්‍රතිපදාව නම් වූ ආර්ය සත්‍යයයි කියා / දුක් නැතිවන මාර්ගය පිළිබඳ සත්‍ය ස්වභාවය / හොඳින් තේරුම්ගනී. /

කතමඤ්ච භික්ඛවේ, දුක්ඛං අරියසච්චං? / ජාති'පි දුක්ඛා, ජරා'පි දුක්ඛා, / ව්‍යාධි'පි දුක්ඛෝ, මරණම්පි දුක්ඛං, / සෝකපරිදේව-දුක්ඛදෝමනස්සුපායාසා'පි දුක්ඛා, / අප්පියේහි සම්පයෝගෝ දුක්ඛෝ,/ පියේහි විප්පයෝගෝ දුක්ඛෝ, / යම්පිච්ඡං න ලභති තම්පි දුක්ඛං, / සංඛිත්තේන පඤ්චුපාදානක්ඛන්ධා'පි දුක්ඛා. /

පින්වත් මහණෙනි, / දුක නම් වූ ආර්ය සත්‍යය යනු කුමක්ද? / ඉපදීම ද දුකකි / ජරාවට පත්වීම ද දුකකි / රෝගපීඩා වැළඳීම ද දුකකි/ මරණය ද දුකකි / සෝක වැළපීම් ද / කායික දුක් ද මානසික දුක් ද/ සුසුම් හෙළීම් ද දුකකි. / අප්‍රිය පුද්ගලයින් හා අප්‍රිය වස්තූන් සමඟ එක්වීම ද දුකකි / ප්‍රිය පුද්ගලයන්ගෙන් හා ප්‍රිය වස්තූන්ගෙන් වෙන්වීම ද දුකකි / කැමති වන්නා වූ යමක් නොලැබේ නම් එය ද දුකකි / සංක්ෂේපයෙන් කීවොත් / පංචඋපාදානස්කන්ධයෝ ම දුකකි. /

කතමා ච භික්ඛවේ, ජාති? / යා තේසං තේසං සත්තානං තම්හි තම්හි සත්තනිකායේ / ජාති සඤ්ජාති ඔක්කන්ති අභිනිබ්බත්ති / ඛන්ධානං පාතුභාවෝ ආයතනානං පටිලාභෝ, / අයං වුච්චති භික්ඛවේ, ජාති. /

පින්වත් මහණෙනි, / ඉපදීම යනු කුමක්ද? / ඒ ඒ සත්වයන්ගේ ඒ ඒ සත්ව ලෝක තුළ / යම් උපතක් වේ ද / යම් හටගැනීමක් වේ ද / මව්කුසක බැසගැනීමක් වේ ද / විශේෂ උපතක් වේ ද / උපාදානස්කන්ධයන්ගේ පහළවීමක් වේ ද / ඇස් කන් ආදී ඉඳුරන්ගේ ලැබීමක් වේ ද / පින්වත් මහණෙනි, / මෙය වනාහී ඉපදීම යැයි කියනු ලබන්නේ ය. /

කතමා ච භික්ඛවේ, ජරා? / යා තේසං තේසං සත්තානං තම්හි තම්හි සත්ත නිකායේ / ජරා ජීරණතා ඛණ්ඩිච්චං පාලිච්චං වලිත්තචතා/ ආයුනෝ සංහානි ඉන්ද්‍රියානං පරිපාකෝ, / අයං වුච්චති භික්ඛවේ, ජරා. /

පින්වත් මහණෙනි, / ජරාවට පත්වීම යනු කුමක්ද? / ඒ ඒ සත්වයන්ගේ ඒ ඒ සත්ව ලෝක තුළ / යම් දිරීමක් වේ ද / දිරා යන ස්වභාවයක් වේ ද / දත් ආදියෙහි කැඩීමක් වේ ද / කෙස් ආදියෙහි පැසීමක් වේ ද / සමෙහි රැලිවැටීමක් වේ ද / ආයුෂයාගේ ගෙවීමක් වේ ද / ඇස් ආදී ඉඳුරන්ගේ මෝරා යාමක් වේ ද / පින්වත් මහණෙනි, / මෙය වනාහී ජරාවට පත්වීම යැයි කියනු ලබන්නේය. /

කතමඤ්ච භික්ඛවේ, මරණං? / යං තේසං තේසං සත්තානං තම්හා තම්හා සත්තනිකායා / චුති චවනතා භේදෝ අන්තරධානං මච්චුමරණං කාලකිරියා / ඛන්ධානං භේදෝ කළේබරස්ස නික්ඛේපෝ/ ජීවිතින්ද්‍රියස්සුපච්ඡේදෝ, / ඉදං වුච්චති භික්ඛවේ, මරණං. /

පින්වත් මහණෙනි, / මරණය යනු කුමක්ද? / ඒ ඒ සත්වලෝකවල උපන් සත්වයා ඒ ඒ සත්ව ලෝකවලින් / යම් චුතවීයාමක් වේ ද / චුතවෙන ස්වභාවයක් වේ ද / බිඳීයාමක් වේ ද / නොපෙනී යාමක් වේ ද / මරණයට පත්වීමක් වේ ද / කළුරිය කිරීමක් වේ ද / උපාදානස්කන්ධයන්ගේ බිඳීයාමක් වේ ද / ශරීරය අත්හැර දැමීමක් වේ ද / ජීවිත ඉන්ද්‍රියයෙහි සිඳීයාමක් වේ ද / පින්වත් මහණෙනි, / මෙය වනාහී මරණය යැයි කියනු ලබන්නේය. /

කතමෝ ච භික්ඛවේ, සෝකෝ? / යෝ ඛෝ භික්ඛවේ, අඤ්ඤතරඤ්ඤතරේන බ්‍යසනේන සමන්නාගතස්ස / අඤ්ඤතරඤ්ඤතරේන දුක්ඛධම්මේන ඵුට්ඨස්ස / සෝකෝ සෝචනා සෝචිතත්තං / අන්තෝසෝකෝ අන්තෝපරිසෝකෝ, / අයං වුච්චති භික්ඛවේ, සෝකෝ.

පින්වත් මහණෙනි, / සෝකය යනු කුමක්ද? / පින්වත් මහණෙනි, / විවිධාකාර විපත් අතරින් / කවර හෝ විපතකින් පීඩා විඳින කෙනෙකුන් තුළ / විවිධාකාර විපත් අතරින් / ඉවසිය නොහැකි දුකකින් වේදනා විඳින කෙනෙකුන් තුළ / යම් සෝක කිරීමක් වේ ද / සෝකයෙන් තැවීමක් වේ ද / සෝකීව සිටින ස්වභාවයක් වේ ද / සිත දවාලන

සෝකයක් වේ ද / සිත හාත්පස දවාලන සෝකයක් වේ ද / පින්වත් මහණෙනි, / මෙය වනාහී සෝකය යැයි කියනු ලබන්නේ ය.

කතමො ච භික්ඛවේ, පරිදේවෝ? / යෝ බෝ භික්ඛවේ, අඤ්ඤතරඤ්ඤතරේන බ්‍යසනේන සමන්නාගතස්ස / අඤ්ඤතරඤ්ඤතරේන දුක්ඛධම්මේන ඵුට්ඨස්ස / ආදේවෝ පරිදේවෝ ආදේවනා පරිදේවනා / ආදේවිතත්තං පරිදේවිතත්තං, / අයං වුච්චති භික්ඛවේ, පරිදේවෝ. /

පින්වත් මහණෙනි, / හඬා වැළපීම යනු කුමක්ද? / පින්වත් මහණෙනි, / විවිධාකාර විපත් අතරින් / කවර හෝ විපතකින් පීඩා විඳින කෙනෙකුන් තුළ / විවිධාකාර විපත් අතරින් / ඉවසිය නොහැකි දුකකින් වේදනා විඳින කෙනෙකුන් තුළ / යම් හඬා වැළපීමක් වේ ද / හඬා වැළපෙන ස්වභාවයක් වේ ද / නම්ගොත් කියමින් හඬා වැළපීමක් වේ ද / නම් ගොත් කියමින් හඬා වැළපෙන ස්වභාවයක් වේ ද / එසේ හඬා වැළපීමක් වේ ද / එසේ නම්ගොත් කියමින් හඬා වැළපීමක් වේ ද / පින්වත් මහණෙනි, / මෙය වනාහී හඬා වැළපීම යැයි කියනු ලබන්නේ ය.

කතමඤ්ච භික්ඛවේ, දුක්ඛං? / යං බෝ භික්ඛවේ, කායිකං දුක්ඛං කායිකං අසාතං / කායසම්ඵස්සජං දුක්ඛං අසාතං වේදයිතං, / ඉදං වුච්චති භික්ඛවේ, දුක්ඛං. /

පින්වත් මහණෙනි, / කායික දුක යනු කුමක්ද? / පින්වත් මහණෙනි,/ කායිකව හටගන්නා වූ / ඉවසිය නොහැකි වූ යම් දුකක් වේ ද / කායිකව හටගන්නා වූ අමිහිරි වේදනා වේ ද / කයේ ස්පර්ශයෙන් හටගන්නා වූ දුක් හා / අමිහිරි වේදනා වේ ද / විඳවන ස්වභාවයක් වේ ද / පින්වත් මහණෙනි, / මෙය වනාහී කායික දුක යැයි කියනු ලබන්නේය.

කතමඤ්ච භික්ඛවේ, දෝමනස්සං? / යං බෝ භික්ඛවේ, චේතසිකං දුක්ඛං චේතසිකං අසාතං / මනෝසම්ඵස්සජං දුක්ඛං අසාතං වේදයිතං,/ ඉදං වුච්චති භික්ඛවේ, දෝමනස්සං. /

පින්වත් මහණෙනි, / මානසික දුක යනු කුමක්ද? / පින්වත් මහණෙනි, / මානසිකව හටගන්නා වූ / ඉවසිය නොහැකි වූ යම් දුකක් වේ ද / මානසිකව හටගන්නා වූ අමිහිරි වේදනා වේ ද / මනසේ ස්පර්ශයෙන් හටගන්නා වූ දුක් හා / අමිහිරි වේදනා වේ ද / විඳවන

ස්වභාවයක් වේ ද / පින්වත් මහණෙනි, / මෙය වනාහී මානසික දුක යැයි කියනු ලබන්නේය.

කතමො ච භික්ඛවෙ, උපායාසො? / යො ඛො භික්ඛවෙ, අඤ්ඤතරඤ්ඤතරේන ව්‍යසනේන සමන්නාගතස්ස / අඤ්ඤතරඤ්ඤ-තරේන දුක්ඛධම්මේන ඵුට්ඨස්ස / ආයාසො උපායාසො ආයාසිතත්තං උපායාසිතත්තං, / අයං වුච්චති භික්ඛවෙ, උපායාසො. /

පින්වත් මහණෙනි, / දුක් පීඩා ගැන සිතමින් සුසුම් හෙළීම යනු කුමක්ද? / පින්වත් මහණෙනි, / විවිධාකාර විපත් අතරින් / කවර හෝ විපතකින් පීඩා විඳින කෙනෙකුන් තුළ / විවිධාකාර විපත් අතරින් / ඉවසිය නොහැකි දුකකින් වේදනා විඳින කෙනෙකුන් තුළ / ඇතිවන්නා වූ යම් වෙහෙසක් වේ ද / ඒ ගැන සිත සිතා යම් සුසුම් හෙළීමක් වේ ද / එසේ වෙහෙසෙන ස්වභාවයක් වේ ද / ඒ ගැන සිත සිතා සුසුම් හෙළන ස්වභාවයක් වේ ද / පින්වත් මහණෙනි, / මෙය වනාහී දුක් පීඩා ගැන සිතමින් / සුසුම් හෙළීම යැයි කියනු ලබන්නේ ය. /

කතමො ච භික්ඛවෙ, අප්පියේහි සම්පයොගො දුක්ඛො? / ඉධ යස්ස තේ හොන්ති අනිට්ඨා අකන්තා අමනාපා / රූපා සද්දා ගන්ධා රසා ඵොට්ඨබ්බා ධම්මා, / යේ වා පනස්ස තේ හොන්ති / අනත්ථකාමා අහිතකාමා අඵාසුකකාමා අයොගක්ඛේමකාමා, / යා තේහි සද්ධිං සංගති සමාගමො සමොධානං මිස්සීභාවො, / අයං වුච්චති භික්ඛවෙ, අප්පියේහි සම්පයොගො දුක්ඛො. /

පින්වත් මහණෙනි, / අප්‍රිය පුද්ගලයන් හා අප්‍රිය වස්තූන් සමඟ එක්වීමේ දුක යනු කුමක්ද? / තමා අකැමැති වූ අප්‍රිය අමනාප වූ / රූප, ශබ්ද, ගන්ධ, රස, පහස හා අරමුණු සමඟ එක්වන්නට සිදුවෙයි ද / එමෙන්ම යම් කෙනෙකුට වනාහී / තමාව විපතට හෙළනු කැමති වූ / තමාගේ අයහපත කැමති වූ / තමන්ට පීඩා කරනු කැමති වූ / යම්බඳු පුද්ගලයෝ සිටිත් ද / එබඳු පුද්ගලයන් සමඟ / යම් මුණගැසීමක් වේ ද/ එකට හමුවීමක් වේ ද / එකට වාසයක් කරන්නට සිදු වේ ද / පින්වත් මහණෙනි, / මෙය වනාහී අප්‍රිය පුද්ගලයන් හා / අප්‍රිය වස්තූන් සමඟ එක්වීමේ දුක යැයි කියනු ලබන්නේය. /

කතමො ච භික්ඛවෙ, පියේහි විප්පයොගො දුක්ඛො? / ඉධ යස්ස තේ හොන්ති ඉට්ඨා කන්තා මනාපා / රූපා සද්දා ගන්ධා රසා

ඵොට්ඨබ්බා ධම්මා, / යේ වා පනස්ස තේ හොන්ති / අත්ථකාමා හිතකාමා ඵාසුකකාමා යෝගක්ඛේමකාමා / මාතා වා පිතා වා භාතා වා භගිනී වා/ ජෙට්ඨා වා කනිට්ඨා වා මිත්තා වා අමච්චා වා ඤාතිසාලෝහිතා වා, / යා තේහි සද්ධිං අසංගති අසමාගමෝ අසමෝධානං අමිස්සීභාවෝ, / අයං වුච්චති භික්ඛවේ, පියේහි විප්පයෝගෝ දුක්ඛෝ. /

පින්වත් මහණෙනි, / ප්‍රිය පුද්ගලයන් හා / ප්‍රිය වස්තූන්ගෙන් වෙන්වීමේ දුක යනු කුමක්ද? / යම් කෙනෙකුට වනාහී / ඉතා යහපත් වූ සුන්දර වූ ප්‍රියමනාප වූ / රූප, ශබ්ද, ගන්ධ, රස, පහස හා අරමුණුවලින්/ වෙන්වන්නට සිදුවේ ද / එමෙන්ම යම් කෙනෙකුට වනාහී / තමාගේ යහපත කැමති වූ / තමාට සෙත සලසනු කැමති වූ / තමාගේ පහසු විහරණය කැමති වූ / මව්පියන් හා සහෝදර සහෝදරියන් ද, / යහළුවන් හා ඤාතීන් ද යන මෙබඳු පුද්ගලයෝ සිටිත් ද / මෙබඳු පුද්ගලයන්ගෙන් / යම් වෙන්වීමක් වේ ද / එක් නොවී ජීවත්වන්නට සිදුවේ ද / එක් නොවී සිටීමක් වේ ද / එකට වාසය නොකිරීමක් වේ ද / පින්වත් මහණෙනි,/ මෙය වනාහී ප්‍රිය පුද්ගලයින් හා / ප්‍රිය වස්තූන්ගෙන් වෙන්වීමේ දුක යැයි කියනු ලබන්නේය. /

කතමඤ්ච භික්ඛවේ, යම්පිච්ඡං න ලභති තම්පි දුක්ඛං? / ජාතිධම්මානං භික්ඛවේ, සත්තානං ඒවං ඉච්ඡා උප්පජ්ජති / 'අහෝ වත මයං න ජාතිධම්මා අස්සාම. / න ච වත නෝ ජාති ආගච්ඡෙය්‍යා'ති./ න ඛෝ පනේතං ඉච්ඡාය පත්තබ්බං. / ඉදම්පි යම්පිච්ඡං න ලභති තම්පි දුක්ඛං. /

පින්වත් මහණෙනි, / කැමති වන්නා වූ යමක් නොලැබීමේ දුක යනු කුමක්ද? / පින්වත් මහණෙනි, / ඉපදීමේ දුක උරුම කරගත් සත්වයන් තුළ / මෙවැනි දෙයක් ලැබීමට කැමැත්තක් උපදින්නේය. / අනේ! ඒකාන්තයෙන් ම අපි වනාහී / ඉපදීමේ දුක උරුම කර නොගන්නමෝ නම් / ඒකාන්තයෙන්ම ඉපදීමේ දුක අප කරා නොපැමිණෙන්නේ නම්/ කොතරම් හොඳ ද කියා ය. / එහෙත් එය වනාහී කැමැත්ත තිබූ පමණින්/ උදා කරගන්නට නොහැක්කේ ම ය. / මෙය ද කැමති වන්නා වූ දෙය නොලැබීමේ දුක ය. /

ජරාධම්මානං භික්ඛවේ, සත්තානං ඒවං ඉච්ඡා උප්පජ්ජති / 'අහෝ වත මයං න ජරාධම්මා අස්සාම. / න ච වත නෝ ජරා ආගච්ඡෙය්‍යා'ති./

න ඛෝ පනේතං ඉච්ඡාය පත්තබ්බං. / ඉදම්පි යම්පිච්ඡං න ලභති තම්පි දුක්ඛං. /

පින්වත් මහණෙනි, / ජරාදුක උරුම කරගත් සත්වයන් තුළ / මෙවැනි දෙයක් ලැබීමට කැමැත්තක් උපදින්නේය. / අනේ! ඒකාන්තයෙන්ම අපි වනාහී / ජරාවෙන් දුකට පත්වීම උරුම කර නොගන්නමෝ නම් / ඒකාන්තයෙන්ම ජරාදුක අප කරා නොපැමිණෙන්නේ නම් / කොතරම් හොඳ ද කියා ය. / එහෙත් එය වනාහී කැමැත්ත තිබූ පමණින් / උදා කරගන්නට නොහැක්කේමය. / මෙය ද කැමති වන්නා වූ දෙය නොලැබීමේ දුක ය. /

බ්‍යාධිධම්මානං භික්ඛවේ, සත්තානං ඒවං ඉච්ඡා උප්පජ්ජති / 'අහෝ වත මයං න බ්‍යාධිධම්මා අස්සාම. / න ච වත නෝ බ්‍යාධි ආගච්ඡෙය්‍යාති. / න ඛෝ පනේතං ඉච්ඡාය පත්තබ්බං. / ඉදම්පි යම්පිච්ඡං න ලභති තම්පි දුක්ඛං. /

පින්වත් මහණෙනි, / ලෙඩවීමේ දුක උරුම කරගත් සත්වයන් තුළ / මෙවැනි දෙයක් ලැබීමට කැමැත්තක් උපදින්නේය. / අනේ! ඒකාන්තයෙන්ම අපි වනාහී / ලෙඩවීමේ දුක උරුම කර නොගන්නමෝ නම් / ඒකාන්තයෙන්ම ලෙඩ දුක් අප කරා නොපැමිණෙන්නේ නම්/ කොතරම් හොඳ ද කියා ය. / එහෙත් එය වනාහී කැමැත්ත තිබූ පමණින්/ උදා කරගන්නට නොහැක්කේ ම ය. / මෙය ද කැමති වන්නා වූ දෙය නොලැබීමේ දුක ය. /

මරණධම්මානං භික්ඛවේ, සත්තානං ඒවං ඉච්ඡා උප්පජ්ජති / 'අහෝ වත මයං න මරණධම්මා අස්සාම. / න ච වත නෝ මරණං ආගච්ඡෙය්‍යා'ති. / න ඛෝ පනේතං ඉච්ඡාය පත්තබ්බං. / ඉදම්පි යම්පිච්ඡං න ලභති තම්පි දුක්ඛං. /

පින්වත් මහණෙනි, / මරණදුක උරුම කරගත් සත්වයන් තුළ / මෙවැනි දෙයක් ලැබීමට කැමැත්තක් උපදින්නේය. / අනේ! ඒකාන්තයෙන්ම අපි වනාහී / මරණදුක උරුම කර නොගන්නමෝ නම් / ඒකාන්තයෙන්ම මරණ දුක අප කරා නොපැමිණෙන්නේ නම්/ කොතරම් හොඳ ද කියා ය. / එහෙත් එය වනාහී කැමැත්ත තිබූ පමණින්/ උදා කරගන්නට නොහැක්කේ ම ය. / මෙය ද කැමති වන්නා වූ දෙය නොලැබීමේ දුක ය. /

සෝකධම්මානං භික්ඛවේ, සත්තානං ඒවං ඉච්ඡා උප්පජ්ජති / 'අහෝ වත මයං න සෝකධම්මා අස්සාම. / න ච වත නෝ සෝකෝ ආගච්ඡෙය්‍යා'ති. / න බෝ පනේතං ඉච්ඡාය පත්තබ්බං. / ඉදම්පි යම්පිච්ඡං න ලභති තම්පි දුක්ඛං. /

පින්වත් මහණෙනි, / සෝකදුක උරුම කරගත් සත්වයන් තුළ/ මෙවැනි දෙයක් ලැබීමට කැමැත්තක් උපදින්නේ ය. / අනේ! ඒකාන්තයෙන් ම අපි වනාහී / සෝකදුක උරුම කර නොගන්නමෝ නම් / ඒකාන්තයෙන්ම සෝකදුක අප කරා නොපැමිණෙන්නේ නම්/ කොතරම් හොඳ ද කියා ය. / එහෙත් එය වනාහී කැමැත්ත තිබූ පමණින්/ උදා කරගන්නට නොහැක්කේම ය. / මෙය ද කැමති වන්නා වූ දෙය නොලැබීමේ දුක ය. /

පරිදේවධම්මානං භික්ඛවේ, සත්තානං ඒවං ඉච්ඡා උප්පජ්ජති/ 'අහෝ වත මයං න පරිදේවධම්මා අස්සාම. / න ච වත නෝ පරිදේවෝ ආගච්ඡෙය්‍යා'ති. / න බෝ පනේතං ඉච්ඡාය පත්තබ්බං. / ඉදම්පි යම්පිච්ඡං න ලභති තම්පි දුක්ඛං. /

පින්වත් මහණෙනි, / හඬාවැළපීමේ දුක උරුම කරගත් සත්වයන් තුළ / මෙවැනි දෙයක් ලැබීමට කැමැත්තක් උපදින්නේය./ අනේ! ඒකාන්තයෙන්ම අපි වනාහී / හඬාවැළපීමේ දුක උරුම කර නොගන්නමෝ නම් / ඒකාන්තයෙන්ම හඬාවැළපීමේ දුක අප කරා නොපැමිණෙන්නේ නම් / කොතරම් හොඳ ද කියා ය. / එහෙත් එය වනාහී කැමැත්ත තිබූ පමණින් / උදා කරගන්නට නොහැක්කේ ම ය./ මෙය ද කැමති වන්නා වූ දෙය නොලැබීමේ දුක ය. /

දුක්ඛධම්මානං භික්ඛවේ, සත්තානං ඒවං ඉච්ඡා උප්පජ්ජති / 'අහෝ වත මයං න දුක්ඛධම්මා අස්සාම. / න ච වත නෝ දුක්ඛං ආගච්ඡෙය්‍යා'ති. / න බෝ පනේතං ඉච්ඡාය පත්තබ්බං. / ඉදම්පි යම්පිච්ඡං න ලභති තම්පි දුක්ඛං. /

පින්වත් මහණෙනි, / කායික දුක උරුම කරගත් සත්වයන් තුළ / මෙවැනි දෙයක් ලැබීමට කැමැත්තක් උපදින්නේය. / අනේ! ඒකාන්තයෙන්ම අපි වනාහී / කායික දුක උරුම කර නොගන්නමෝ නම් / ඒකාන්තයෙන්ම කායික දුක අප කරා නොපැමිණෙන්නේ නම්/ කොතරම් හොඳ ද කියා ය. / එහෙත් එය වනාහී කැමැත්ත තිබූ

පමණින්/ උදා කරගන්නට නොහැක්කේමය. / මෙය ද කැමති වන්නා වූ දෙය නොලැබීමේ දුක ය. /

දෝමනස්සධම්මානං භික්ඛවේ, සත්තානං ඒවං ඉච්ඡා උප්පජ්ජති/ 'අහෝ වත මයං න දෝමනස්සධම්මා අස්සාම. / න ච වත නෝ දෝමනස්සං ආගච්ඡෙය්‍යා'ති. / න ඛෝ පනේතං ඉච්ඡාය පත්තබ්බං. / ඉදම්පි යම්පිච්ඡං න ලභති තම්පි දුක්ඛං. /

පින්වත් මහණෙනි, / මානසික දුක උරුම කරගත් සත්වයන් තුළ / මෙවැනි දෙයක් ලැබීමට කැමැත්තක් උපදින්නේය. / අනේ! ඒකාන්තයෙන්ම අපි වනාහී / මානසික දුක උරුම කර නොගන්නමෝ නම් / ඒකාන්තයෙන්ම මානසික දුක අප කරා නොපැමිණෙන්නේ නම් / කොතරම් හොඳ ද කියා ය. / එහෙත් එය වනාහී කැමැත්ත තිබූ පමණින් / උදා කරගන්නට නොහැක්කේමය. / මෙය ද කැමති වන්නා වූ දෙය නොලැබීමේ දුක ය. /

උපායාසධම්මානං භික්ඛවේ, සත්තානං ඒවං ඉච්ඡා උප්පජ්ජති/ 'අහෝ වත මයං න උපායාසධම්මා අස්සාම. / න ච වත නෝ උපායාසෝ ආගච්ඡෙය්‍යා'ති. / න ඛෝ පනේතං ඉච්ඡාය පත්තබ්බං. / ඉදම්පි යම්පිච්ඡං න ලභති තම්පි දුක්ඛං. /

පින්වත් මහණෙනි, / සුසුම් හෙළීමේ දුක උරුම කරගත් සත්වයන් තුළ / මෙවැනි දෙයක් ලැබීමට කැමැත්තක් උපදින්නේය./ අනේ! ඒකාන්තයෙන්ම අපි වනාහී / සුසුම් හෙළීමේ දුක උරුම කර නොගන්නමෝ නම් / ඒකාන්තයෙන්ම සුසුම් හෙළීමේ දුක අප කරා නොපැමිණෙන්නේ නම් / කොතරම් හොඳ ද කියා ය. / එහෙත් එය වනාහී කැමැත්ත තිබූ පමණින් / උදා කරගන්නට නොහැක්කේමය. / මෙය ද කැමති වන්නා වූ දෙය නොලැබීමේ දුක ය. /

කතමේ ච භික්ඛවේ, සංඛිත්තේන පඤ්චුපාදානක්ඛන්ධා දුක්ඛා?/ සෙය්‍යථීදං; / රූපූපාදානක්ඛන්ධෝ, වේදනූපාදානක්ඛන්ධෝ, / සඤ්ඤූපාදානක්ඛන්ධෝ, සංඛාරූපාදානක්ඛන්ධෝ, / විඤ්ඤාණූපාදානක්ඛන්ධෝ. / ඉමේ වුච්චන්ති භික්ඛවේ, සංඛිත්තේන පඤ්චුපාදානක්ඛන්ධා'පි දුක්ඛා. / ඉදං වුච්චති භික්ඛවේ, දුක්ඛං අරියසච්චං. /

පින්වත් මහණෙනි, / සංක්ෂේපයෙන් කීවොත් / පංචඋපාදානස්කන්ධයෝ ම දුක යනු කුමක්ද? / එනම් රූප උපාදානස්කන්ධය ද දුකකි./ වේදනා උපාදානස්කන්ධය ද දුකකි. / සඤ්ඤා උපාදානස්කන්ධය ද දුකකි. / සංස්කාර උපාදානස්කන්ධයෝ ද දුකකි. / විඤ්ඤාණ උපාදානස්කන්ධය ද දුකකි./ පින්වත් මහණෙනි, / මෙය වනාහී සංක්ෂේපයෙන් කියන ලද / පංචඋපාදානස්කන්ධ දුක යැයි කියනු ලබන්නේ ය. / පින්වත් මහණෙනි,/ මෙය වනාහී දුක නම් වූ ආර්ය සත්‍යය යැයි කියනු ලබන්නේ ය. /

කතමඤ්ච භික්ඛවේ, දුක්ඛසමුදයං අරියසච්චං? / යායං තණ්හා පෝනෝභවිකා නන්දිරාගසහගතා, / තත්‍ර තත්‍රාභිනන්දිනී, / සෙය්‍යථීදං:/ කාමතණ්හා, භවතණ්හා, විභවතණ්හා. /

පින්වත් මහණෙනි, / දුක් උපදවන හේතුව නම් වූ / ආර්ය සත්‍යය යනු කුමක්ද? / පුනර්භවය ඇති කරන්නා වූ / ආශ්වාදයෙන් ඇලෙන්නා වූ / ඒ ඒ තැන සතුටින් පිළිගන්නා වූ / යම් මේ තණ්හාවක් ඇද්ද / එයයි./ එනම් කාම තණ්හාව ය / භව තණ්හාව ය / විභව තණ්හාව ය. /

සා ඛෝ පනේසා භික්ඛවේ, තණ්හා / කත්ථ උප්පජ්ජමානා උප්පජ්ජති, / කත්ථ නිවිසමානා නිවිසති? /

පින්වත් මහණෙනි, / මේ තුන් වැදෑරුම් තණ්හාව වනාහී / හටගන්නේ නම් කොතැනක හටගන්නේ ද? / පිවිස පවතින්නේ නම්/ කොතැනකට පිවිස පවතින්නේ ද? /

යං ලෝකේ පියරූපං සාතරූපං, / එත්ථේසා තණ්හා උප්පජ්ජමානා උප්පජ්ජති. / එත්ථ නිවිසමානා නිවිසති. /

ලෝකයෙහි පවතින යම් දෙයක් / ප්‍රිය ස්වභාවයෙන් යුක්ත වෙයි ද / මිහිරි ස්වභාවයෙන් යුක්ත වෙයි ද / මේ තණ්හාව හටගන්නේ නම් එතැන හටගන්නේ ය. / මේ තණ්හාව පිවිස පවතින්නේ නම් එතැනට පිවිස පවතින්නේ ය. /

කිඤ්ච ලෝකේ පියරූපං සාතරූපං? /

ලෝකයෙහි පවතින්නා වූ / ප්‍රිය ස්වභාවයෙන් යුතු දෙය / මිහිරි ස්වභාවයෙන් යුතු දෙය කුමක් ද? /

චක්ඛුං ලෝකේ පියරූපං සාතරූපං. / එත්ථේසා තණ්හා

උප්පජ්ජමානා උප්පජ්ජති. / එත්ථ නිවිසමානා නිවිසති. /

ඇස වනාහී ලෝකයෙහි පවතින / ප්‍රිය ස්වභාවයෙන් යුතු දෙයකි,/ මිහිරි ස්වභාවයෙන් යුතු දෙයකි. / මේ තණ්හාව හටගන්නේ නම් හටගන්නේ / ඇස කෙරෙහි ය. / මේ තණ්හාව පිවිස පවතින්නේ නම්/ පිවිස පවතින්නේ ඇසෙහි ය. /

සෝතං ලෝකේ පියරූපං සාතරූපං. / එත්ථේසා තණ්හා උප්පජ්ජමානා උප්පජ්ජති. / එත්ථ නිවිසමානා නිවිසති. /

කන වනාහී ලෝකයෙහි පවතින / ප්‍රිය ස්වභාවයෙන් යුතු දෙයකි,/ මිහිරි ස්වභාවයෙන් යුතු දෙයකි. / මේ තණ්හාව හටගන්නේ නම් හටගන්නේ / කන කෙරෙහි ය. / මේ තණ්හාව පිවිස පවතින්නේ නම්/ පිවිස පවතින්නේ කනෙහි ය. /

ඝානං ලෝකේ පියරූපං සාතරූපං. / එත්ථේසා තණ්හා උප්පජ්ජමානා උප්පජ්ජති. / එත්ථ නිවිසමානා නිවිසති. /

නාසය වනාහී ලෝකයෙහි පවතින / ප්‍රිය ස්වභාවයෙන් යුතු දෙයකි,/ මිහිරි ස්වභාවයෙන් යුතු දෙයකි. / මේ තණ්හාව හටගන්නේ නම් හටගන්නේ / නාසය කෙරෙහි ය. / මේ තණ්හාව පිවිස පවතින්නේ නම් / පිවිස පවතින්නේ නාසයෙහි ය. /

ජිව්හා ලෝකේ පියරූපං සාතරූපං. / එත්ථේසා තණ්හා උප්පජ්ජමානා උප්පජ්ජති. / එත්ථ නිවිසමානා නිවිසති. /

දිව වනාහී ලෝකයෙහි පවතින / ප්‍රිය ස්වභාවයෙන් යුතු දෙයකි,/ මිහිරි ස්වභාවයෙන් යුතු දෙයකි. / මේ තණ්හාව හටගන්නේ නම් හටගන්නේ / දිව කෙරෙහි ය. / මේ තණ්හාව පිවිස පවතින්නේ නම්/ පිවිස පවතින්නේ දිවෙහි ය. /

කායෝ ලෝකේ පියරූපං සාතරූපං. / එත්ථේසා තණ්හා උප්පජ්ජමානා උප්පජ්ජති. / එත්ථ නිවිසමානා නිවිසති. /

කය වනාහී ලෝකයෙහි පවතින / ප්‍රිය ස්වභාවයෙන් යුතු දෙයකි,/ මිහිරි ස්වභාවයෙන් යුතු දෙයකි. / මේ තණ්හාව හටගන්නේ නම් හටගන්නේ / කය කෙරෙහි ය. / මේ තණ්හාව පිවිස පවතින්නේ නම්/ පිවිස පවතින්නේ කයෙහි ය. /

මනෝ ලෝකේ පියරූපං සාතරූපං. / එත්ථේසා තණ්හා උප්පජ්ජමානා උප්පජ්ජති. / එත්ථ නිවිසමානා නිවිසති. /

මනස වනාහී ලෝකයෙහි පවතින / ප්‍රිය ස්වභාවයෙන් යුතු දෙයකි, / මිහිරි ස්වභාවයෙන් යුතු දෙයකි. / මේ තණ්හාව හටගන්නේ නම් හටගන්නේ / මනස කෙරෙහි ය. / මේ තණ්හාව පිවිස පවතින්නේ නම් / පිවිස පවතින්නේ මනසෙහි ය.

රූපා ලෝකේ පියරූපං සාතරූපං. / එත්ථේසා තණ්හා උප්පජ්ජමානා උප්පජ්ජති. / එත්ථ නිවිසමානා නිවිසති. /

ඇසට පෙනෙන රූප වනාහී / ලෝකයෙහි පවතින ප්‍රිය ස්වභාවයෙන් යුතු දෙයකි, / මිහිරි ස්වභාවයෙන් යුතු දෙයකි. / මේ තණ්හාව හටගන්නේ නම් හටගන්නේ / ඇසට පෙනෙන රූප කෙරෙහි ය. / මේ තණ්හාව පිවිස පවතින්නේ නම් / පිවිස පවතින්නේ ඇසට පෙනෙන රූපයෙහි ය. /

සද්දා ලෝකේ පියරූපං සාතරූපං. / එත්ථේසා තණ්හා උප්පජ්ජමානා උප්පජ්ජති. / එත්ථ නිවිසමානා නිවිසති. /

කනට ඇසෙන ශබ්ද වනාහී / ලෝකයෙහි පවතින ප්‍රිය ස්වභාවයෙන් යුතු දෙයකි, / මිහිරි ස්වභාවයෙන් යුතු දෙයකි. / මේ තණ්හාව හටගන්නේ නම් හටගන්නේ / කනට ඇසෙන ශබ්ද කෙරෙහි ය. / මේ තණ්හාව පිවිස පවතින්නේ නම් / පිවිස පවතින්නේ කනට ඇසෙන ශබ්දයෙහි ය. /

ගන්ධා ලෝකේ පියරූපං සාතරූපං. / එත්ථේසා තණ්හා උප්පජ්ජමානා උප්පජ්ජති. / එත්ථ නිවිසමානා නිවිසති. /

නාසයට දැනෙන ගඳසුවඳ වනාහී / ලෝකයෙහි පවතින ප්‍රිය ස්වභාවයෙන් යුතු දෙයකි, / මිහිරි ස්වභාවයෙන් යුතු දෙයකි. / මේ තණ්හාව හටගන්නේ නම් හටගන්නේ / නාසයට දැනෙන ගඳසුවඳ කෙරෙහි ය. / මේ තණ්හාව පිවිස පවතින්නේ නම් / පිවිස පවතින්නේ නාසයට දැනෙන ගඳසුවඳෙහි ය. /

රසා ලෝකේ පියරූපං සාතරූපං. / එත්ථේසා තණ්හා උප්පජ්ජමානා උප්පජ්ජති. / එත්ථ නිවිසමානා නිවිසති. /

දිවට දැනෙන රස වනාහී / ලෝකයෙහි පවතින ප්‍රිය ස්වභාවයෙන්

යුතු දෙයකි, / මිහිරි ස්වභාවයෙන් යුතු දෙයකි. / මේ තණ්හාව හටගන්නේ නම් හටගන්නේ / දිවට දැනෙන රස කෙරෙහි ය. / මේ තණ්හාව පිවිස පවතින්නේ නම් / පිවිස පවතින්නේ දිවට දැනෙන රසයෙහි ය. /

ඵොට්ඨබ්බා ලෝකේ පියරූපං සාතරූපං. / එත්ථේසා තණ්හා උප්පජ්ජමානා උප්පජ්ජති. / එත්ථ නිවිසමානා නිවිසති. /

කයට දැනෙන පහස වනාහී / ලෝකයෙහි පවතින ප්‍රිය ස්වභාවයෙන් යුතු දෙයකි, / මිහිරි ස්වභාවයෙන් යුතු දෙයකි. / මේ තණ්හාව හටගන්නේ නම් හටගන්නේ / කයට දැනෙන පහස කෙරෙහි ය. / මේ තණ්හාව පිවිස පවතින්නේ නම් / පිවිස පවතින්නේ කයට දැනෙන පහසෙහි ය. /

ධම්මා ලෝකේ පියරූපං සාතරූපං. / එත්ථේසා තණ්හා උප්පජ්ජමානා උප්පජ්ජති. / එත්ථ නිවිසමානා නිවිසති. /

සිතින් සිතන අරමුණු වනාහී / ලෝකයෙහි පවතින ප්‍රිය ස්වභාවයෙන් යුතු දෙයකි, / මිහිරි ස්වභාවයෙන් යුතු දෙයකි. / මේ තණ්හාව හටගන්නේ නම් හටගන්නේ / සිතින් සිතන අරමුණු කෙරෙහි ය. / මේ තණ්හාව පිවිස පවතින්නේ නම් / පිවිස පවතින්නේ සිතින් සිතන අරමුණෙහි ය. /

චක්ඛුවිඤ්ඤාණං ලෝකේ පියරූපං සාතරූපං. / එත්ථේසා තණ්හා උප්පජ්ජමානා උප්පජ්ජති. / එත්ථ නිවිසමානා නිවිසති. /

ඇසේ විඤ්ඤාණය වනාහී / ලෝකයෙහි පවතින ප්‍රිය ස්වභාවයෙන් යුතු දෙයකි, / මිහිරි ස්වභාවයෙන් යුතු දෙයකි. / මේ තණ්හාව හටගන්නේ නම් හටගන්නේ / ඇසේ විඤ්ඤාණය කෙරෙහි ය. / මේ තණ්හාව පිවිස පවතින්නේ නම් / පිවිස පවතින්නේ ඇසේ විඤ්ඤාණයෙහි ය. /

සෝතවිඤ්ඤාණං ලෝකේ පියරූපං සාතරූපං. / එත්ථේසා තණ්හා උප්පජ්ජමානා උප්පජ්ජති. / එත්ථ නිවිසමානා නිවිසති. /

කනේ විඤ්ඤාණය වනාහී / ලෝකයෙහි පවතින ප්‍රිය ස්වභාවයෙන් යුතු දෙයකි, / මිහිරි ස්වභාවයෙන් යුතු දෙයකි. / මේ තණ්හාව හටගන්නේ නම් හටගන්නේ / කනේ විඤ්ඤාණය කෙරෙහි ය. / මේ තණ්හාව පිවිස පවතින්නේ නම් / පිවිස පවතින්නේ කනේ විඤ්ඤාණයෙහි ය. /

ඝානවිඤ්ඤාණං ලෝකේ පියරූපං සාතරූපං. / එත්ථේසා තණ්හා උප්පජ්ජමානා උප්පජ්ජති. / එත්ථ නිවිසමානා නිවිසති. /

නාසයේ විඤ්ඤාණය වනාහී / ලෝකයෙහි පවතින ප්‍රිය ස්වභාවයෙන් යුතු දෙයකි, / මිහිරි ස්වභාවයෙන් යුතු දෙයකි. / මේ තණ්හාව හටගන්නේ නම් හටගන්නේ / නාසයේ විඤ්ඤාණය කෙරෙහි ය. / මේ තණ්හාව පිවිස පවතින්නේ නම් / පිවිස පවතින්නේ නාසයේ විඤ්ඤාණයෙහි ය. /

ජිව්හාවිඤ්ඤාණං ලෝකේ පියරූපං සාතරූපං. / එත්ථේසා තණ්හා උප්පජ්ජමානා උප්පජ්ජති. / එත්ථ නිවිසමානා නිවිසති. /

දිවේ විඤ්ඤාණය වනාහී / ලෝකයෙහි පවතින ප්‍රිය ස්වභාවයෙන් යුතු දෙයකි, / මිහිරි ස්වභාවයෙන් යුතු දෙයකි. / මේ තණ්හාව හටගන්නේ නම් හටගන්නේ / දිවේ විඤ්ඤාණය කෙරෙහි ය. / මේ තණ්හාව පිවිස පවතින්නේ නම් / පිවිස පවතින්නේ දිවේ විඤ්ඤාණයෙහි ය. /

කායවිඤ්ඤාණං ලෝකේ පියරූපං සාතරූපං. / එත්ථේසා තණ්හා උප්පජ්ජමානා උප්පජ්ජති. / එත්ථ නිවිසමානා නිවිසති. /

කයේ විඤ්ඤාණය වනාහී / ලෝකයෙහි පවතින ප්‍රිය ස්වභාවයෙන් යුතු දෙයකි, / මිහිරි ස්වභාවයෙන් යුතු දෙයකි. / මේ තණ්හාව හටගන්නේ නම් හටගන්නේ / කයේ විඤ්ඤාණය කෙරෙහි ය. / මේ තණ්හාව පිවිස පවතින්නේ නම් / පිවිස පවතින්නේ කයේ විඤ්ඤාණයෙහි ය. /

මනෝවිඤ්ඤාණං ලෝකේ පියරූපං සාතරූපං. / එත්ථේසා තණ්හා උප්පජ්ජමානා උප්පජ්ජති. / එත්ථ නිවිසමානා නිවිසති. /

මනසේ විඤ්ඤාණය වනාහී / ලෝකයෙහි පවතින ප්‍රිය ස්වභාවයෙන් යුතු දෙයකි. / මිහිරි ස්වභාවයෙන් යුතු දෙයකි. / මේ තණ්හාව හටගන්නේ නම් හටගන්නේ / මනෝ විඤ්ඤාණය කෙරෙහි ය. / මේ තණ්හාව පිවිස පවතින්නේ නම් / පිවිස පවතින්නේ මනෝ විඤ්ඤාණයෙහි ය. /

චක්ඛුසම්ඵස්සෝ ලෝකේ පියරූපං සාතරූපං. / එත්ථේසා තණ්හා උප්පජ්ජමානා උප්පජ්ජති. / එත්ථ නිවිසමානා නිවිසති. /

ඇසේ ස්පර්ශය වනාහී / ලෝකයෙහි පවතින ප්‍රිය ස්වභාවයෙන් යුතු

දෙයකි, / මිහිරි ස්වභාවයෙන් යුතු දෙයකි. / මේ තණ්හාව හටගන්නේ නම් හටගන්නේ / ඇසේ ස්පර්ශය කෙරෙහි ය. / මේ තණ්හාව පිවිස පවතින්නේ නම් / පිවිස පවතින්නේ ඇසේ ස්පර්ශයෙහි ය. /

සෝතසම්ඵස්සෝ ලෝකේ පියරූපං සාතරූපං. / එත්ථේසා තණ්හා උප්පජ්ජමානා උප්පජ්ජති. / එත්ථ නිවිසමානා නිවිසති. /

කනෙහි ස්පර්ශය වනාහී / ලෝකයෙහි පවතින ප්‍රිය ස්වභාවයෙන් යුතු දෙයකි, මිහිරි ස්වභාවයෙන් යුතු දෙයකි. / මේ තණ්හාව හටගන්නේ නම් හටගන්නේ / කනේ ස්පර්ශය කෙරෙහි ය. / මේ තණ්හාව පිවිස පවතින්නේ නම් / පිවිස පවතින්නේ කනේ ස්පර්ශයෙහි ය. /

ඝානසම්ඵස්සෝ ලෝකේ පියරූපං සාතරූපං. / එත්ථේසා තණ්හා උප්පජ්ජමානා උප්පජ්ජති. / එත්ථ නිවිසමානා නිවිසති. /

නාසයේ ස්පර්ශය වනාහී / ලෝකයෙහි පවතින ප්‍රිය ස්වභාවයෙන් යුතු දෙයකි, / මිහිරි ස්වභාවයෙන් යුතු දෙයකි. / මේ තණ්හාව හටගන්නේ නම් හටගන්නේ / නාසයේ ස්පර්ශය කෙරෙහි ය. / මේ තණ්හාව පිවිස පවතින්නේ නම් / පිවිස පවතින්නේ නාසයේ ස්පර්ශයෙහි ය. /

ජිව්හාසම්ඵස්සෝ ලෝකේ පියරූපං සාතරූපං. / එත්ථේසා තණ්හා උප්පජ්ජමානා උප්පජ්ජති. / එත්ථ නිවිසමානා නිවිසති. /

දිවේ ස්පර්ශය වනාහී / ලෝකයෙහි පවතින ප්‍රිය ස්වභාවයෙන් යුතු දෙයකි, / මිහිරි ස්වභාවයෙන් යුතු දෙයකි. / මේ තණ්හාව හටගන්නේ නම් හටගන්නේ / දිවේ ස්පර්ශය කෙරෙහි ය. / මේ තණ්හාව පිවිස පවතින්නේ නම් / පිවිස පවතින්නේ දිවේ ස්පර්ශයෙහි ය. /

කායසම්ඵස්සෝ ලෝකේ පියරූපං සාතරූපං. / එත්ථේසා තණ්හා උප්පජ්ජමානා උප්පජ්ජති. / එත්ථ නිවිසමානා නිවිසති. /

කයේ ස්පර්ශය වනාහී / ලෝකයෙහි පවතින ප්‍රිය ස්වභාවයෙන් යුතු දෙයකි, / මිහිරි ස්වභාවයෙන් යුතු දෙයකි. / මේ තණ්හාව හටගන්නේ නම් හටගන්නේ / කයේ ස්පර්ශය කෙරෙහි ය. / මේ තණ්හාව පිවිස පවතින්නේ නම් / පිවිස පවතින්නේ කයේ ස්පර්ශයෙහි ය. /

මනෝසම්ඵස්සෝ ලෝකේ පියරූපං සාතරූපං. / එත්ථේසා තණ්හා උප්පජ්ජමානා උප්පජ්ජති. / එත්ථ නිවිසමානා නිවිසති. /

මනසේ ස්පර්ශය වනාහී / ලෝකයෙහි පවතින ප්‍රිය ස්වභාවයෙන් යුතු දෙයකි, / මිහිරි ස්වභාවයෙන් යුතු දෙයකි. / මේ තණ්හාව හටගන්නේ නම් හටගන්නේ / මනසේ ස්පර්ශය කෙරෙහි ය. / මේ තණ්හාව පිවිස පවතින්නේ නම් / පිවිස පවතින්නේ මනසේ ස්පර්ශයෙහි ය. /

චක්ඛුසම්ඵස්සජා වේදනා ලෝකේ පියරූපං සාතරූපං. / එත්ථේසා තණ්හා උප්පජ්ජමානා උප්පජ්ජති. / එත්ථ නිවිසමානා නිවිසති. /

ඇසේ ස්පර්ශයෙන් උපදින විඳීම් වනාහී / ලෝකයෙහි පවතින ප්‍රිය ස්වභාවයෙන් යුතු දෙයකි, / මිහිරි ස්වභාවයෙන් යුතු දෙයකි. / මේ තණ්හාව හටගන්නේ නම් හටගන්නේ / ඇසේ ස්පර්ශයෙන් උපදින විඳීම් කෙරෙහි ය. / මේ තණ්හාව පිවිස පවතින්නේ නම් / පිවිස පවතින්නේ ඇසේ ස්පර්ශයෙන් උපදින විඳීමෙහි ය. /

සෝතසම්ඵස්සජා වේදනා ලෝකේ පියරූපං සාතරූපං. / එත්ථේසා තණ්හා උප්පජ්ජමානා උප්පජ්ජති. / එත්ථ නිවිසමානා නිවිසති. /

කනේ ස්පර්ශයෙන් උපදින විඳීම් වනාහී / ලෝකයෙහි පවතින ප්‍රිය ස්වභාවයෙන් යුතු දෙයකි, / මිහිරි ස්වභාවයෙන් යුතු දෙයකි. / මේ තණ්හාව හටගන්නේ නම් හටගන්නේ / කනේ ස්පර්ශයෙන් උපදින විඳීම් කෙරෙහි ය. / මේ තණ්හාව පිවිස පවතින්නේ නම් / පිවිස පවතින්නේ කනේ ස්පර්ශයෙන් උපදින විඳීමෙහි ය. /

ඝානසම්ඵස්සජා වේදනා ලෝකේ පියරූපං සාතරූපං. / එත්ථේසා තණ්හා උප්පජ්ජමානා උප්පජ්ජති. / එත්ථ නිවිසමානා නිවිසති. /

නාසයේ ස්පර්ශයෙන් උපදින විඳීම් වනාහී / ලෝකයෙහි පවතින ප්‍රිය ස්වභාවයෙන් යුතු දෙයකි, / මිහිරි ස්වභාවයෙන් යුතු දෙයකි. / මේ තණ්හාව හටගන්නේ නම් හටගන්නේ / නාසයේ ස්පර්ශයෙන් උපදින විඳීම් කෙරෙහි ය. / මේ තණ්හාව පිවිස පවතින්නේ නම් / පිවිස පවතින්නේ නාසයේ ස්පර්ශයෙන් උපදින විඳීමෙහි ය. /

ජිව්හාසම්ඵස්සජා වේදනා ලෝකේ පියරූපං සාතරූපං. / එත්ථේසා තණ්හා උප්පජ්ජමානා උප්පජ්ජති. / එත්ථ නිවිසමානා නිවිසති. /

දිවේ ස්පර්ශයෙන් උපදින විඳීම් වනාහී / ලෝකයෙහි පවතින ප්‍රිය ස්වභාවයෙන් යුතු දෙයකි, / මිහිරි ස්වභාවයෙන් යුතු දෙයකි. / මේ තණ්හාව හටගන්නේ නම් හටගන්නේ / දිවේ ස්පර්ශයෙන් උපදින විඳීම්

කෙරෙහි ය. / මේ තණ්හාව පිවිස පවතින්නේ නම් / පිවිස පවතින්නේ දිවේ ස්පර්ශයෙන් උපදින විඳීමෙහි ය. /

කායසම්ඵස්සජා වේදනා ලෝකේ පියරූපං සාතරූපං. / එත්ථේසා තණ්හා උප්පජ්ජමානා උප්පජ්ජති. / එත්ථ නිවිසමානා නිවිසති. /

කයේ ස්පර්ශයෙන් උපදින විඳීම් වනාහී / ලෝකයෙහි පවතින ප්‍රිය ස්වභාවයෙන් යුතු දෙයකි, / මිහිරි ස්වභාවයෙන් යුතු දෙයකි. / මේ තණ්හාව හටගන්නේ නම් හටගන්නේ / කයේ ස්පර්ශයෙන් උපදින විඳීම් කෙරෙහි ය. / මේ තණ්හාව පිවිස පවතින්නේ නම් / පිවිස පවතින්නේ කයේ ස්පර්ශයෙන් උපදින විඳීමෙහි ය. /

මනෝසම්ඵස්සජා වේදනා ලෝකේ පියරූපං සාතරූපං. / එත්ථේසා තණ්හා උප්පජ්ජමානා උප්පජ්ජති. / එත්ථ නිවිසමානා නිවිසති. /

මනසේ ස්පර්ශයෙන් උපදින විඳීම් වනාහී / ලෝකයෙහි පවතින ප්‍රිය ස්වභාවයෙන් යුතු දෙයකි, / මිහිරි ස්වභාවයෙන් යුතු දෙයකි. / මේ තණ්හාව හටගන්නේ නම් හටගන්නේ / මනසේ ස්පර්ශයෙන් උපදින විඳීම් කෙරෙහි ය. / මේ තණ්හාව පිවිස පවතින්නේ නම් / පිවිස පවතින්නේ මනසේ ස්පර්ශයෙන් උපදින විඳීමෙහි ය. /

රූපසඤ්ඤා ලෝකේ පියරූපං සාතරූපං. / එත්ථේසා තණ්හා උප්පජ්ජමානා උප්පජ්ජති. / එත්ථ නිවිසමානා නිවිසති. /

රූප හඳුනාගැනීම වනාහී / ලෝකයෙහි පවතින ප්‍රිය ස්වභාවයෙන් යුතු දෙයකි, / මිහිරි ස්වභාවයෙන් යුතු දෙයකි. / මේ තණ්හාව හටගන්නේ නම් හටගන්නේ / රූප හඳුනාගැනීම කෙරෙහි ය. / මේ තණ්හාව පිවිස පවතින්නේ නම් / පිවිස පවතින්නේ රූප හඳුනාගැනීමෙහි ය. /

සද්දසඤ්ඤා ලෝකේ පියරූපං සාතරූපං. / එත්ථේසා තණ්හා උප්පජ්ජමානා උප්පජ්ජති. / එත්ථ නිවිසමානා නිවිසති. /

ශබ්ද හඳුනාගැනීම වනාහී / ලෝකයෙහි පවතින ප්‍රිය ස්වභාවයෙන් යුතු දෙයකි, / මිහිරි ස්වභාවයෙන් යුතු දෙයකි. / මේ තණ්හාව හටගන්නේ නම් හටගන්නේ / ශබ්ද හඳුනාගැනීම කෙරෙහි ය. / මේ තණ්හාව පිවිස පවතින්නේ නම් / පිවිස පවතින්නේ ශබ්ද හඳුනාගැනීමෙහි ය. /

ගන්ධසඤ්ඤා ලෝකේ පියරූපං සාතරූපං. / එත්ථේසා තණ්හා උප්පජ්ජමානා උප්පජ්ජති. / එත්ථ නිවිසමානා නිවිසති. /

ගඳසුවඳ හඳුනාගැනීම වනාහී / ලෝකයෙහි පවතින ප්‍රිය ස්වභාවයෙන් යුතු දෙයකි, / මිහිරි ස්වභාවයෙන් යුතු දෙයකි. / මේ තණ්හාව හටගන්නේ නම් හටගන්නේ / ගඳසුවඳ හඳුනාගැනීම කෙරෙහි ය. / මේ තණ්හාව පිවිස පවතින්නේ නම් / පිවිස පවතින්නේ ගඳසුවඳ හඳුනාගැනීමෙහි ය. /

රසසඤ්ඤා ලෝකේ පියරූපං සාතරූපං. / එත්ථේසා තණ්හා උප්පජ්ජමානා උප්පජ්ජති. / එත්ථ නිවිසමානා නිවිසති. /

රස හඳුනාගැනීම වනාහී / ලෝකයෙහි පවතින ප්‍රිය ස්වභාවයෙන් යුතු දෙයකි, / මිහිරි ස්වභාවයෙන් යුතු දෙයකි. / මේ තණ්හාව හටගන්නේ නම් හටගන්නේ / රස හඳුනාගැනීම කෙරෙහි ය. / මේ තණ්හාව පිවිස පවතින්නේ නම් / පිවිස පවතින්නේ රස හඳුනාගැනීමෙහි ය. /

ඵොට්ඨබ්බසඤ්ඤා ලෝකේ පියරූපං සාතරූපං. / එත්ථේසා තණ්හා උප්පජ්ජමානා උප්පජ්ජති. / එත්ථ නිවිසමානා නිවිසති. /

පහස හඳුනාගැනීම වනාහී / ලෝකයෙහි පවතින ප්‍රිය ස්වභාවයෙන් යුතු දෙයකි, / මිහිරි ස්වභාවයෙන් යුතු දෙයකි. / මේ තණ්හාව හටගන්නේ නම් හටගන්නේ / පහස හඳුනාගැනීම කෙරෙහි ය. / මේ තණ්හාව පිවිස පවතින්නේ නම් / පිවිස පවතින්නේ පහස හඳුනාගැනීමෙහි ය. /

ධම්මසඤ්ඤා ලෝකේ පියරූපං සාතරූපං. / එත්ථේසා තණ්හා උප්පජ්ජමානා උප්පජ්ජති. / එත්ථ නිවිසමානා නිවිසති. /

සිතට එන අරමුණු හඳුනාගැනීම වනාහී / ලෝකයෙහි පවතින ප්‍රිය ස්වභාවයෙන් යුතු දෙයකි, / මිහිරි ස්වභාවයෙන් යුතු දෙයකි. / මේ තණ්හාව හටගන්නේ නම් හටගන්නේ / සිතට එන අරමුණු හඳුනාගැනීම කෙරෙහි ය. / මේ තණ්හාව පිවිස පවතින්නේ නම් / පිවිස පවතින්නේ සිතට එන අරමුණු හඳුනාගැනීමෙහි ය. /

රූපසඤ්චේතනා ලෝකේ පියරූපං සාතරූපං. / එත්ථේසා තණ්හා උප්පජ්ජමානා උප්පජ්ජති. / එත්ථ නිවිසමානා නිවිසති. /

රූප ගැන ඇතිවෙන චේතනා වනාහී / ලෝකයෙහි පවතින ප්‍රිය ස්වභාවයෙන් යුතු දෙයකි, / මිහිරි ස්වභාවයෙන් යුතු දෙයකි. / මේ තණ්හාව හටගන්නේ නම් හටගන්නේ / රූප ගැන ඇතිවෙන චේතනා කෙරෙහි ය. / මේ තණ්හාව පිවිස පවතින්නේ නම් / පිවිස පවතින්නේ

රූප ගැන ඇතිවෙන චේතනාවෙහි ය. /

සද්දසඤ්චේතනා ලෝකේ පියරූපං සාතරූපං. / එත්ථේසා තණ්හා උප්පජ්ජමානා උප්පජ්ජති. / එත්ථ නිවිසමානා නිවිසති. /

ශබ්ද ගැන ඇතිවෙන චේතනා වනාහී / ලෝකයෙහි පවතින ප්‍රිය ස්වභාවයෙන් යුතු දෙයකි, / මිහිරි ස්වභාවයෙන් යුතු දෙයකි. / මේ තණ්හාව හටගන්නේ නම් හටගන්නේ / ශබ්ද ගැන ඇතිවෙන චේතනා කෙරෙහි ය. / මේ තණ්හාව පිවිස පවතින්නේ නම් / පිවිස පවතින්නේ ශබ්ද ගැන ඇතිවෙන චේතනාවෙහි ය. /

ගන්ධසඤ්චේතනා ලෝකේ පියරූපං සාතරූපං. / එත්ථේසා තණ්හා උප්පජ්ජමානා උප්පජ්ජති. / එත්ථ නිවිසමානා නිවිසති. /

ගඳසුවඳ ගැන ඇතිවෙන චේතනා වනාහී / ලෝකයෙහි පවතින ප්‍රිය ස්වභාවයෙන් යුතු දෙයකි, / මිහිරි ස්වභාවයෙන් යුතු දෙයකි. / මේ තණ්හාව හටගන්නේ නම් හටගන්නේ / ගඳසුවඳ ගැන ඇතිවෙන චේතනා කෙරෙහි ය. / මේ තණ්හාව පිවිස පවතින්නේ නම් / පිවිස පවතින්නේ ගඳසුවඳ ගැන ඇතිවෙන චේතනාවෙහි ය. /

රසසඤ්චේතනා ලෝකේ පියරූපං සාතරූපං. / එත්ථේසා තණ්හා උප්පජ්ජමානා උප්පජ්ජති. / එත්ථ නිවිසමානා නිවිසති. /

රස ගැන ඇතිවෙන චේතනා වනාහී / ලෝකයෙහි පවතින ප්‍රිය ස්වභාවයෙන් යුතු දෙයකි, / මිහිරි ස්වභාවයෙන් යුතු දෙයකි. / මේ තණ්හාව හටගන්නේ නම් හටගන්නේ / රස ගැන ඇතිවෙන චේතනා කෙරෙහි ය. / මේ තණ්හාව පිවිස පවතින්නේ නම් / පිවිස පවතින්නේ රස ගැන ඇතිවෙන චේතනාවෙහි ය. /

ඵොට්ඨබ්බසඤ්චේතනා ලෝකේ පියරූපං සාතරූපං. / එත්ථේසා තණ්හා උප්පජ්ජමානා උප්පජ්ජති. / එත්ථ නිවිසමානා නිවිසති. /

පහස ගැන ඇතිවෙන චේතනා වනාහී / ලෝකයෙහි පවතින ප්‍රිය ස්වභාවයෙන් යුතු දෙයකි, / මිහිරි ස්වභාවයෙන් යුතු දෙයකි. / මේ තණ්හාව හටගන්නේ නම් හටගන්නේ / පහස ගැන ඇතිවෙන චේතනා කෙරෙහි ය. / මේ තණ්හාව පිවිස පවතින්නේ නම් / පිවිස පවතින්නේ පහස ගැන ඇතිවෙන චේතනාවෙහි ය. /

ධම්මසඤ්චේතනා ලෝකේ පියරූපං සාතරූපං. / එත්ථේසා තණ්හා උප්පජ්ජමානා උප්පජ්ජති. / එත්ථ නිවිසමානා නිවිසති. /

සිතට එන අරමුණු ගැන ඇතිවෙන චේතනා වනාහී / ලෝකයෙහි පවතින ප්‍රිය ස්වභාවයෙන් යුතු දෙයකි, / මිහිරි ස්වභාවයෙන් යුතු දෙයකි./ මේ තණ්හාව හටගන්නේ නම් හටගන්නේ / සිතට එන අරමුණු ගැන ඇතිවෙන චේතනා කෙරෙහි ය. / මේ තණ්හාව පිවිස පවතින්නේ නම් / පිවිස පවතින්නේ සිතට එන අරමුණු ගැන ඇතිවෙන චේතනාවෙහි ය. /

රූපතණ්හා ලෝකේ පියරූපං සාතරූපං. / එත්ථේසා තණ්හා උප්පජ්ජමානා උප්පජ්ජති. / එත්ථ නිවිසමානා නිවිසති. /

රූප ගැන ඇතිවෙන තණ්හාව වනාහී / ලෝකයෙහි පවතින ප්‍රිය ස්වභාවයෙන් යුතු දෙයකි, / මිහිරි ස්වභාවයෙන් යුතු දෙයකි. / මේ තණ්හාව හටගන්නේ නම් හටගන්නේ / රූප ගැන ඇතිවෙන තණ්හාව කෙරෙහි ය. / මේ තණ්හාව පිවිස පවතින්නේ නම් / පිවිස පවතින්නේ රූප ගැන ඇතිවෙන තණ්හාවෙහි ය. /

සද්දතණ්හා ලෝකේ පියරූපං සාතරූපං. / එත්ථේසා තණ්හා උප්පජ්ජමානා උප්පජ්ජති. / එත්ථ නිවිසමානා නිවිසති. /

ශබ්ද ගැන ඇතිවෙන තණ්හාව වනාහී / ලෝකයෙහි පවතින ප්‍රිය ස්වභාවයෙන් යුතු දෙයකි, / මිහිරි ස්වභාවයෙන් යුතු දෙයකි. / මේ තණ්හාව හටගන්නේ නම් හටගන්නේ / ශබ්ද ගැන ඇතිවෙන තණ්හාව කෙරෙහි ය. / මේ තණ්හාව පිවිස පවතින්නේ නම් / පිවිස පවතින්නේ ශබ්ද ගැන ඇතිවෙන තණ්හාවෙහි ය. /

ගන්ධතණ්හා ලෝකේ පියරූපං සාතරූපං. / එත්ථේසා තණ්හා උප්පජ්ජමානා උප්පජ්ජති. / එත්ථ නිවිසමානා නිවිසති. /

ගඳසුවඳ ගැන ඇතිවෙන තණ්හාව වනාහී / ලෝකයෙහි පවතින ප්‍රිය ස්වභාවයෙන් යුතු දෙයකි, / මිහිරි ස්වභාවයෙන් යුතු දෙයකි. / මේ තණ්හාව හටගන්නේ නම් හටගන්නේ / ගඳසුවඳ ගැන ඇතිවෙන තණ්හාව කෙරෙහි ය. / මේ තණ්හාව පිවිස පවතින්නේ නම් / පිවිස පවතින්නේ ගඳසුවඳ ගැන ඇතිවෙන තණ්හාවෙහි ය. /

රසතණ්හා ලෝකේ පියරූපං සාතරූපං. / එත්ථේසා තණ්හා

උප්පජ්ජමානා උප්පජ්ජති. / එත්ථ නිවිසමානා නිවිසති. /

රස ගැන ඇතිවෙන තණ්හාව වනාහී / ලෝකයෙහි පවතින ප්‍රිය ස්වභාවයෙන් යුතු දෙයකි, / මිහිරි ස්වභාවයෙන් යුතු දෙයකි. / මේ තණ්හාව හටගන්නේ නම් හටගන්නේ / රස ගැන ඇතිවෙන තණ්හාව කෙරෙහි ය. / මේ තණ්හාව පිවිස පවතින්නේ නම් / පිවිස පවතින්නේ රස ගැන ඇතිවෙන තණ්හාවෙහි ය. /

ඵොට්ඨබ්බතණ්හා ලෝකේ පියරූපං සාතරූපං. / එත්ථේසා තණ්හා උප්පජ්ජමානා උප්පජ්ජති. / එත්ථ නිවිසමානා නිවිසති. /

පහස ගැන ඇතිවෙන තණ්හාව වනාහී / ලෝකයෙහි පවතින ප්‍රිය ස්වභාවයෙන් යුතු දෙයකි, / මිහිරි ස්වභාවයෙන් යුතු දෙයකි. / මේ තණ්හාව හටගන්නේ නම් හටගන්නේ / පහස ගැන ඇතිවෙන තණ්හාව කෙරෙහි ය. / මේ තණ්හාව පිවිස පවතින්නේ නම් / පිවිස පවතින්නේ පහස ගැන ඇතිවෙන තණ්හාවෙහි ය. /

ධම්මතණ්හා ලෝකේ පියරූපං සාතරූපං. / එත්ථේසා තණ්හා උප්පජ්ජමානා උප්පජ්ජති. / එත්ථ නිවිසමානා නිවිසති. /

සිතට එන අරමුණු ගැන ඇතිවෙන තණ්හාව වනාහී / ලෝකයෙහි පවතින ප්‍රිය ස්වභාවයෙන් යුතු දෙයකි, / මිහිරි ස්වභාවයෙන් යුතු දෙයකි./ මේ තණ්හාව හටගන්නේ නම් හටගන්නේ / සිතට එන අරමුණු ගැන ඇතිවෙන තණ්හාව කෙරෙහි ය. / මේ තණ්හාව පිවිස පවතින්නේ නම්/ පිවිස පවතින්නේ සිතට එන අරමුණු ගැන ඇතිවෙන තණ්හාවෙහි ය. /

රූපවිතක්කෝ ලෝකේ පියරූපං සාතරූපං. / එත්ථේසා තණ්හා උප්පජ්ජමානා උප්පජ්ජති. / එත්ථ නිවිසමානා නිවිසති. /

ඇසට පෙනෙන රූප ගැන ඇතිවෙන විතර්ක වනාහී / ලෝකයෙහි පවතින ප්‍රිය ස්වභාවයෙන් යුතු දෙයකි, / මිහිරි ස්වභාවයෙන් යුතු දෙයකි./ මේ තණ්හාව හටගන්නේ නම් හටගන්නේ / ඇසට පෙනෙන රූප ගැන ඇතිවෙන විතර්ක කෙරෙහි ය. / මේ තණ්හාව පිවිස පවතින්නේ නම්/ පිවිස පවතින්නේ ඇසට පෙනෙන රූප ගැන ඇතිවෙන විතර්කයෙහි ය. /

සද්දවිතක්කෝ ලෝකේ පියරූපං සාතරූපං. / එත්ථේසා තණ්හා උප්පජ්ජමානා උප්පජ්ජති. / එත්ථ නිවිසමානා නිවිසති. /

කනට ඇසෙන ශබ්ද ගැන ඇතිවෙන විතර්ක වනාහී / ලෝකයෙහි පවතින ප්‍රිය ස්වභාවයෙන් යුතු දෙයකි, / මිහිරි ස්වභාවයෙන් යුතු දෙයකි./ මේ තණ්හාව හටගන්නේ නම් හටගන්නේ / කනට ඇසෙන ශබ්ද ගැන ඇතිවෙන විතර්ක කෙරෙහි ය. / මේ තණ්හාව පිවිස පවතින්නේ නම්/ පිවිස පවතින්නේ කනට ඇසෙන ශබ්ද ගැන ඇතිවෙන විතර්කයෙහි ය. /

ගන්ධවිතක්කෝ ලෝකේ පියරූපං සාතරූපං. / එත්ථේසා තණ්හා උප්පජ්ජමානා උප්පජ්ජති. / එත්ථ නිවිසමානා නිවිසති. /

නාසයට දැනෙන ගඳසුවඳ ගැන ඇතිවෙන විතර්ක වනාහී / ලෝකයෙහි පවතින ප්‍රිය ස්වභාවයෙන් යුතු දෙයකි, / මිහිරි ස්වභාවයෙන් යුතු දෙයකි. / මේ තණ්හාව හටගන්නේ නම් හටගන්නේ / නාසයට දැනෙන ගඳසුවඳ ගැන ඇතිවෙන විතර්ක කෙරෙහි ය. / මේ තණ්හාව පිවිස පවතින්නේ නම් / පිවිස පවතින්නේ නාසයට දැනෙන ගඳසුවඳ ගැන ඇතිවෙන විතර්කයෙහි ය. /

රසවිතක්කෝ ලෝකේ පියරූපං සාතරූපං. / එත්ථේසා තණ්හා උප්පජ්ජමානා උප්පජ්ජති. / එත්ථ නිවිසමානා නිවිසති. /

දිවට දැනෙන රස ගැන ඇතිවෙන විතර්ක වනාහී / ලෝකයෙහි පවතින ප්‍රිය ස්වභාවයෙන් යුතු දෙයකි, / මිහිරි ස්වභාවයෙන් යුතු දෙයකි./ මේ තණ්හාව හටගන්නේ නම් හටගන්නේ / දිවට දැනෙන රස ගැන ඇතිවෙන විතර්ක කෙරෙහි ය. / මේ තණ්හාව පිවිස පවතින්නේ නම් / පිවිස පවතින්නේ දිවට දැනෙන රස ගැන ඇතිවෙන විතර්කයෙහි ය. /

ඵොට්ඨබ්බවිතක්කෝ ලෝකේ පියරූපං සාතරූපං. / එත්ථේසා තණ්හා උප්පජ්ජමානා උප්පජ්ජති. / එත්ථ නිවිසමානා නිවිසති. /

කයට දැනෙන පහස ගැන ඇතිවෙන විතර්ක වනාහී / ලෝකයෙහි පවතින ප්‍රිය ස්වභාවයෙන් යුතු දෙයකි, / මිහිරි ස්වභාවයෙන් යුතු දෙයකි./ මේ තණ්හාව හටගන්නේ නම් හටගන්නේ / කයට දැනෙන පහස ගැන ඇතිවෙන විතර්ක කෙරෙහි ය. / මේ තණ්හාව පිවිස පවතින්නේ නම්/ පිවිස පවතින්නේ කයට දැනෙන පහස ගැන ඇතිවෙන විතර්කයෙහි ය. /

ධම්මවිතක්කෝ ලෝකේ පියරූපං සාතරූපං. / එත්ථේසා තණ්හා උප්පජ්ජමානා උප්පජ්ජති. / එත්ථ නිවිසමානා නිවිසති. /

සිතට එන අරමුණු ගැන ඇතිවෙන විතර්ක වනාහී / ලෝකයෙහි පවතින ප්‍රිය ස්වභාවයෙන් යුතු දෙයකි, / මිහිරි ස්වභාවයෙන් යුතු දෙයකි./ මේ තණ්හාව හටගන්නේ නම් හටගන්නේ / සිතට එන අරමුණු ගැන ඇතිවෙන විතර්ක කෙරෙහි ය. / මේ තණ්හාව පිවිස පවතින්නේ නම් / පිවිස පවතින්නේ සිතට එන අරමුණු ගැන ඇතිවෙන විතර්කයෙහි ය. /

රූපවිචාරෝ ලෝකේ පියරූපං සාතරූපං. / එත්ථේසා තණ්හා උප්පජ්ජමානා උප්පජ්ජති. / එත්ථ නිවිසමානා නිවිසති. /

ඇසට පෙනෙන රූප ගැන / යළි යළි ඇතිවෙන විතර්ක වනාහී / ලෝකයෙහි පවතින ප්‍රිය ස්වභාවයෙන් යුතු දෙයකි, / මිහිරි ස්වභාවයෙන් යුතු දෙයකි. / මේ තණ්හාව හටගන්නේ නම් හටගන්නේ / ඇසට පෙනෙන රූප ගැන / යළි යළි ඇතිවෙන විතර්ක කෙරෙහි ය. / මේ තණ්හාව පිවිස පවතින්නේ නම් / පිවිස පවතින්නේ ඇසට පෙනෙන රූප ගැන / යළි යළි ඇතිවෙන විතර්කයෙහි ය. /

සද්දවිචාරෝ ලෝකේ පියරූපං සාතරූපං. / එත්ථේසා තණ්හා උප්පජ්ජමානා උප්පජ්ජති. / එත්ථ නිවිසමානා නිවිසති. /

කනට ඇසෙන ශබ්ද ගැන / යළි යළි ඇතිවෙන විතර්ක වනාහී / ලෝකයෙහි පවතින ප්‍රිය ස්වභාවයෙන් යුතු දෙයකි, / මිහිරි ස්වභාවයෙන් යුතු දෙයකි. / මේ තණ්හාව හටගන්නේ නම් හටගන්නේ / කනට ඇසෙන ශබ්ද ගැන / යළි යළි ඇතිවෙන විතර්ක කෙරෙහි ය. / මේ තණ්හාව පිවිස පවතින්නේ නම් / පිවිස පවතින්නේ කනට ඇසෙන ශබ්ද ගැන / යළි යළි ඇතිවෙන විතර්කයෙහි ය. /

ගන්ධවිචාරෝ ලෝකේ පියරූපං සාතරූපං. / එත්ථේසා තණ්හා උප්පජ්ජමානා උප්පජ්ජති. / එත්ථ නිවිසමානා නිවිසති. /

නාසයට දැනෙන ගඳසුවඳ ගැන / යළි යළි ඇතිවෙන විතර්ක වනාහී / ලෝකයෙහි පවතින ප්‍රිය ස්වභාවයෙන් යුතු දෙයකි, / මිහිරි ස්වභාවයෙන් යුතු දෙයකි. / මේ තණ්හාව හටගන්නේ නම් හටගන්නේ/ නාසයට දැනෙන ගඳසුවඳ ගැන / යළි යළි ඇතිවෙන විතර්ක කෙරෙහි ය. / මේ තණ්හාව පිවිස පවතින්නේ නම් / පිවිස පවතින්නේ නාසයට දැනෙන ගඳසුවඳ ගැන / යළි යළි ඇතිවෙන විතර්කයෙහි ය. /

රසවිචාරෝ ලෝකේ පියරූපං සාතරූපං. / එත්ථේසා තණ්හා උප්පජ්ජමානා උප්පජ්ජති. / එත්ථ නිවිසමානා නිවිසති. /

දිවට දැනෙන රස ගැන / යළි යළි ඇතිවෙන විතර්ක වනාහී / ලෝකයෙහි පවතින ප්‍රිය ස්වභාවයෙන් යුතු දෙයකි, / මිහිරි ස්වභාවයෙන් යුතු දෙයකි. / මේ තණ්හාව හටගන්නේ නම් හටගන්නේ / දිවට දැනෙන රස ගැන / යළි යළි ඇතිවෙන විතර්ක කෙරෙහි ය. / මේ තණ්හාව පිවිස පවතින්නේ නම් / පිවිස පවතින්නේ දිවට දැනෙන රස ගැන / යළි යළි ඇතිවෙන විතර්කයෙහි ය. /

ඵොට්ඨබ්බවිචාරෝ ලෝකේ පියරූපං සාතරූපං. / එත්ථේසා තණ්හා උප්පජ්ජමානා උප්පජ්ජති. / එත්ථ නිවිසමානා නිවිසති. /

කයට දැනෙන පහස ගැන / යළි යළි ඇතිවෙන විතර්ක වනාහී / ලෝකයෙහි පවතින ප්‍රිය ස්වභාවයෙන් යුතු දෙයකි, / මිහිරි ස්වභාවයෙන් යුතු දෙයකි. / මේ තණ්හාව හටගන්නේ නම් හටගන්නේ / කයට දැනෙන පහස ගැන / යළි යළි ඇතිවෙන විතර්ක කෙරෙහි ය. / මේ තණ්හාව පිවිස පවතින්නේ නම් / පිවිස පවතින්නේ කයට දැනෙන පහස ගැන/ යළි යළි ඇතිවෙන විතර්කයෙහි ය. /

ධම්මවිචාරෝ ලෝකේ පියරූපං සාතරූපං. / එත්ථේසා තණ්හා උප්පජ්ජමානා උප්පජ්ජති. / එත්ථ නිවිසමානා නිවිසති. /

සිතට එන අරමුණු ගැන / යළි යළි ඇතිවෙන විතර්ක වනාහී / ලෝකයෙහි පවතින ප්‍රිය ස්වභාවයෙන් යුතු දෙයකි, / මිහිරි ස්වභාවයෙන් යුතු දෙයකි. / මේ තණ්හාව හටගන්නේ නම් හටගන්නේ / සිතට එන අරමුණු ගැන / යළි යළි ඇතිවෙන විතර්ක කෙරෙහි ය. / මේ තණ්හාව පිවිස පවතින්නේ නම් / පිවිස පවතින්නේ සිතට එන අරමුණු ගැන / යළි යළි ඇතිවෙන විතර්කයෙහි ය. /

ඉදං වුච්චති භික්ඛවේ, දුක්ඛසමුදයං අරියසච්චං. /

පින්වත් මහණෙනි, / මෙය වනාහී දුක් උපදවන හේතුව නම් වූ ආර්ය සත්‍යය යැයි කියනු ලබන්නේය. /

කතමඤ්ච භික්ඛවේ, දුක්ඛනිරෝධං අරියසච්චං? /

පින්වත් මහණෙනි, / දුක් නිරුද්ධ වීම නම් වූ / ආර්ය සත්‍යය යනු කුමක්ද? /

යෝ තස්සායේව තණ්හාය අසේසවිරාගනිරෝධෝ / චාගෝ පටිනිස්සග්ගෝ මුත්ති අනාලයෝ. /

ඒ තුන් වැදෑරුම් තණ්හාව ම / ඉතුරුවක් නොකොට නොඇල්මෙන්/ යම් නිරුද්ධ වීමක් වේ ද / අත්හැරීමක් වේ ද / දුරුවීමක් වේ ද / නිදහස් වීමක් වේ ද / ආල රහිත වීමක් වේ ද / එයයි. /

සා ඛෝ පනේසා භික්ඛවේ, තණ්හා / කත්ථ පහීයමානා පහීයති,/ කත්ථ නිරුජ්ඣමානා නිරුජ්ඣති? /

පින්වත් මහණෙනි, / මේ තුන් වැදෑරුම් තණ්හාව වනාහී / ප්‍රහාණය වී යන්නේ නම් කොතැනක ප්‍රහාණය වන්නේ ද? / නිරුද්ධ වී යන්නේ නම් කොතැනක නිරුද්ධ වන්නේ ද? /

යං ලෝකේ පියරූපං සාතරූපං / එත්ථේසා තණ්හා පහීයමානා පහීයති. / එත්ථ නිරුජ්ඣමානා නිරුජ්ඣති. /

ලෝකයෙහි පවතින්නා වූ යම් දෙයක් / ප්‍රිය ස්වභාවයෙන් යුක්ත වෙයි ද / මිහිරි ස්වභාවයෙන් යුක්ත වෙයි ද / මේ තණ්හාව ප්‍රහාණය වන්නේ නම් එතැන ප්‍රහාණය වන්නේ ය / මේ තණ්හාව නිරුද්ධ වන්නේ නම් එතැන නිරුද්ධ වන්නේ ය /

කිඤ්ච ලෝකේ පියරූපං සාතරූපං? /

ලෝකයෙහි පවතින්නා වූ / ප්‍රිය ස්වභාවයෙන් යුතු දෙය කුමක්ද?/ මිහිරි ස්වභාවයෙන් යුතු දෙය කුමක් ද? /

චක්ඛුං ලෝකේ පියරූපං සාතරූපං. / එත්ථේසා තණ්හා පහීයමානා පහීයති. / එත්ථ නිරුජ්ඣමානා නිරුජ්ඣති. /

ඇස වනාහී ලෝකයෙහි පවතින / ප්‍රිය ස්වභාවයෙන් යුතු දෙයකි,/ මිහිරි ස්වභාවයෙන් යුතු දෙයකි. / ප්‍රහාණය වන්නේ නම් ප්‍රහාණය වන්නේ / ඇස කෙරෙහි තිබෙන්නා වූ මේ තණ්හාව ය. / නිරුද්ධ වන්නේ නම් නිරුද්ධ වන්නේ / ඇස කෙරෙහි තිබෙන්නා වූ මේ තණ්හාව ය. /

සෝතං ලෝකේ පියරූපං සාතරූපං. / එත්ථේසා තණ්හා පහීයමානා පහීයති. / එත්ථ නිරුජ්ඣමානා නිරුජ්ඣති. /

කන වනාහී ලෝකයෙහි පවතින / ප්‍රිය ස්වභාවයෙන් යුතු දෙයකි,/

මිහිරි ස්වභාවයෙන් යුතු දෙයකි. / ප්‍රහාණය වන්නේ නම් ප්‍රහාණය වන්නේ / කන කෙරෙහි තිබෙන්නා වූ මේ තණ්හාව ය. / නිරුද්ධ වන්නේ නම් නිරුද්ධ වන්නේ / කන කෙරෙහි තිබෙන්නා වූ මේ තණ්හාව ය. /

ඝානං ලෝකේ පියරූපං සාතරූපං. / එත්ථේසා තණ්හා පහීයමානා පහීයති. / එත්ථ නිරුජ්ඣමානා නිරුජ්ඣති. /

නාසය වනාහී ලෝකයෙහි පවතින / ප්‍රිය ස්වභාවයෙන් යුතු දෙයකි,/ මිහිරි ස්වභාවයෙන් යුතු දෙයකි. / ප්‍රහාණය වන්නේ නම් ප්‍රහාණය වන්නේ / නාසය කෙරෙහි තිබෙන්නා වූ මේ තණ්හාව ය. / නිරුද්ධ වන්නේ නම් නිරුද්ධ වන්නේ / නාසය කෙරෙහි තිබෙන්නා වූ මේ තණ්හාව ය. /

ජිව්හා ලෝකේ පියරූපං සාතරූපං. / එත්ථේසා තණ්හා පහීයමානා පහීයති. / එත්ථ නිරුජ්ඣමානා නිරුජ්ඣති. /

දිව වනාහී ලෝකයෙහි පවතින / ප්‍රිය ස්වභාවයෙන් යුතු දෙයකි,/ මිහිරි ස්වභාවයෙන් යුතු දෙයකි. / ප්‍රහාණය වන්නේ නම් ප්‍රහාණය වන්නේ / දිව කෙරෙහි තිබෙන්නා වූ මේ තණ්හාව ය. / නිරුද්ධ වන්නේ නම් නිරුද්ධ වන්නේ / දිව කෙරෙහි තිබෙන්නා වූ මේ තණ්හාව ය. /

කායෝ ලෝකේ පියරූපං සාතරූපං. / එත්ථේසා තණ්හා පහීයමානා පහීයති / එත්ථ නිරුජ්ඣමානා නිරුජ්ඣති /

කය වනාහී ලෝකයෙහි පවතින / ප්‍රිය ස්වභාවයෙන් යුතු දෙයකි,/ මිහිරි ස්වභාවයෙන් යුතු දෙයකි. / ප්‍රහාණය වන්නේ නම් ප්‍රහාණය වන්නේ / කය කෙරෙහි තිබෙන්නා වූ මේ තණ්හාව ය. / නිරුද්ධ වන්නේ නම් නිරුද්ධ වන්නේ / කය කෙරෙහි තිබෙන්නා වූ මේ තණ්හාව ය. /

මනෝ ලෝකේ පියරූපං සාතරූපං. / එත්ථේසා තණ්හා පහීයමානා පහීයති. / එත්ථ නිරුජ්ඣමානා නිරුජ්ඣති. /

මනස වනාහී ලෝකයෙහි පවතින / ප්‍රිය ස්වභාවයෙන් යුතු දෙයකි,/ මිහිරි ස්වභාවයෙන් යුතු දෙයකි. / ප්‍රහාණය වන්නේ නම් ප්‍රහාණය වන්නේ / මනස කෙරෙහි තිබෙන්නා වූ මේ තණ්හාව ය. / නිරුද්ධ වන්නේ නම් නිරුද්ධ වන්නේ / මනස කෙරෙහි තිබෙන්නා වූ මේ තණ්හාව ය. /

රූපා ලෝකේ පියරූපං සාතරූපං. / එත්ථේසා තණ්හා පහීයමානා පහීයති. / එත්ථ නිරුජ්ඣමානා නිරුජ්ඣති. /

ඇසට පෙනෙන රූප වනාහී ලෝකයෙහි පවතින / ප්‍රිය ස්වභාවයෙන් යුතු දෙයකි, / මිහිරි ස්වභාවයෙන් යුතු දෙයකි. / ප්‍රහාණය වන්නේ නම් ප්‍රහාණය වන්නේ / ඇසට පෙනෙන රූප කෙරෙහි තිබෙන්නා වූ මේ තණ්හාව ය. / නිරුද්ධ වන්නේ නම් නිරුද්ධ වන්නේ / ඇසට පෙනෙන රූප කෙරෙහි තිබෙන්නා වූ මේ තණ්හාව ය. /

සද්දා ලෝකේ පියරූපං සාතරූපං. / එත්ථේසා තණ්හා පහීයමානා පහීයති. / එත්ථ නිරුජ්ඣමානා නිරුජ්ඣති. /

කනට ඇසෙන ශබ්ද වනාහී ලෝකයෙහි පවතින / ප්‍රිය ස්වභාවයෙන් යුතු දෙයකි, / මිහිරි ස්වභාවයෙන් යුතු දෙයකි. / ප්‍රහාණය වන්නේ නම් ප්‍රහාණය වන්නේ / කනට ඇසෙන ශබ්ද කෙරෙහි තිබෙන්නා වූ මේ තණ්හාව ය. / නිරුද්ධ වන්නේ නම් නිරුද්ධ වන්නේ / කනට ඇසෙන ශබ්ද කෙරෙහි තිබෙන්නා වූ මේ තණ්හාව ය. /

ගන්ධා ලෝකේ පියරූපං සාතරූපං. / එත්ථේසා තණ්හා පහීයමානා පහීයති. / එත්ථ නිරුජ්ඣමානා නිරුජ්ඣති. /

නාසයට දැනෙන ගඳසුවඳ වනාහී ලෝකයෙහි පවතින / ප්‍රිය ස්වභාවයෙන් යුතු දෙයකි, / මිහිරි ස්වභාවයෙන් යුතු දෙයකි. / ප්‍රහාණය වන්නේ නම් ප්‍රහාණය වන්නේ / නාසයට දැනෙන ගඳසුවඳ කෙරෙහි තිබෙන්නා වූ මේ තණ්හාව ය. / නිරුද්ධ වන්නේ නම් නිරුද්ධ වන්නේ/ නාසයට දැනෙන ගඳසුවඳ කෙරෙහි තිබෙන්නා වූ මේ තණ්හාව ය. /

රසා ලෝකේ පියරූපං සාතරූපං. / එත්ථේසා තණ්හා පහීයමානා පහීයති. / එත්ථ නිරුජ්ඣමානා නිරුජ්ඣති. /

දිවට දැනෙන රස වනාහී ලෝකයෙහි පවතින / ප්‍රිය ස්වභාවයෙන් යුතු දෙයකි, / මිහිරි ස්වභාවයෙන් යුතු දෙයකි. / ප්‍රහාණය වන්නේ නම් ප්‍රහාණය වන්නේ / දිවට දැනෙන රස කෙරෙහි තිබෙන්නා වූ මේ තණ්හාව ය. / නිරුද්ධ වන්නේ නම් නිරුද්ධ වන්නේ / දිවට දැනෙන රස කෙරෙහි තිබෙන්නා වූ මේ තණ්හාව ය. /

ඵොට්ඨබ්බා ලෝකේ පියරූපං සාතරූපං. / එත්ථේසා තණ්හා පහීයමානා පහීයති. / එත්ථ නිරුජ්ඣමානා නිරුජ්ඣති. /

කයට දැනෙන පහස වනාහී ලෝකයෙහි පවතින / ප්‍රිය ස්වභාවයෙන් යුතු දෙයකි, / මිහිරි ස්වභාවයෙන් යුතු දෙයකි. / ප්‍රහාණය වන්නේ නම් ප්‍රහාණය වන්නේ / කයට දැනෙන පහස කෙරෙහි තිබෙන්නා වූ මේ තණ්හාව ය. / නිරුද්ධ වන්නේ නම් නිරුද්ධ වන්නේ / කයට දැනෙන පහස කෙරෙහි තිබෙන්නා වූ මේ තණ්හාව ය. /

ධම්මා ලෝකේ පියරූපං සාතරූපං. / එත්ථේසා තණ්හා පහීයමානා පහීයති, / එත්ථ නිරුජ්ඣමානා නිරුජ්ඣති. /

සිතින් සිතන අරමුණු වනාහී ලෝකයෙහි පවතින / ප්‍රිය ස්වභාවයෙන් යුතු දෙයකි, / මිහිරි ස්වභාවයෙන් යුතු දෙයකි. / ප්‍රහාණය වන්නේ නම් ප්‍රහාණය වන්නේ / සිතින් සිතන අරමුණු කෙරෙහි තිබෙන්නා වූ මේ තණ්හාව ය. / නිරුද්ධ වන්නේ නම් නිරුද්ධ වන්නේ / සිතින් සිතන අරමුණු කෙරෙහි තිබෙන්නා වූ මේ තණ්හාව ය. /

චක්ඛුවිඤ්ඤාණං ලෝකේ පියරූපං සාතරූපං. / එත්ථේසා තණ්හා පහීයමානා පහීයති. / එත්ථ නිරුජ්ඣමානා නිරුජ්ඣති. /

ඇසේ විඤ්ඤාණය වනාහී ලෝකයෙහි පවතින / ප්‍රිය ස්වභාවයෙන් යුතු දෙයකි, / මිහිරි ස්වභාවයෙන් යුතු දෙයකි. / ප්‍රහාණය වන්නේ නම් ප්‍රහාණය වන්නේ / ඇසේ විඤ්ඤාණය කෙරෙහි තිබෙන්නා වූ මේ තණ්හාව ය. / නිරුද්ධ වන්නේ නම් නිරුද්ධ වන්නේ / ඇසේ විඤ්ඤාණය කෙරෙහි තිබෙන්නා වූ මේ තණ්හාව ය. /

සෝතවිඤ්ඤාණං ලෝකේ පියරූපං සාතරූපං. / එත්ථේසා තණ්හා පහීයමානා පහීයති. / එත්ථ නිරුජ්ඣමානා නිරුජ්ඣති. /

කනේ විඤ්ඤාණය වනාහී ලෝකයෙහි පවතින / ප්‍රිය ස්වභාවයෙන් යුතු දෙයකි, / මිහිරි ස්වභාවයෙන් යුතු දෙයකි. / ප්‍රහාණය වන්නේ නම් ප්‍රහාණය වන්නේ / කනේ විඤ්ඤාණය කෙරෙහි තිබෙන්නා වූ මේ තණ්හාව ය. / නිරුද්ධ වන්නේ නම් නිරුද්ධ වන්නේ / කනේ විඤ්ඤාණය කෙරෙහි තිබෙන්නා වූ මේ තණ්හාව ය. /

ඝාණවිඤ්ඤාණං ලෝකේ පියරූපං සාතරූපං. / එත්ථේසා තණ්හා පහීයමානා පහීයති, / එත්ථ නිරුජ්ඣමානා නිරුජ්ඣති. /

නාසයේ විඤ්ඤාණය වනාහී ලෝකයෙහි පවතින / ප්‍රිය ස්වභාවයෙන් යුතු දෙයකි, / මිහිරි ස්වභාවයෙන් යුතු දෙයකි. / ප්‍රහාණය වන්නේ

නම් ප්‍රහාණය වන්නේ / නාසයේ විඤ්ඤාණය කෙරෙහි තිබෙන්නා වූ මේ තණ්හාව ය. / නිරුද්ධ වන්නේ නම් නිරුද්ධ වන්නේ / නාසයේ විඤ්ඤාණය කෙරෙහි තිබෙන්නා වූ මේ තණ්හාව ය. /

ජිව්හාවිඤ්ඤාණං ලෝකේ පියරූපං සාතරූපං. / එත්ථේසා තණ්හා පහීයමානා පහීයති. / එත්ථ නිරුජ්ඣමානා නිරුජ්ඣති. /

දිවේ විඤ්ඤාණය වනාහී ලෝකයෙහි පවතින / ප්‍රිය ස්වභාවයෙන් යුතු දෙයකි, / මිහිරි ස්වභාවයෙන් යුතු දෙයකි. / ප්‍රහාණය වන්නේ නම් ප්‍රහාණය වන්නේ / දිවේ විඤ්ඤාණය කෙරෙහි තිබෙන්නා වූ මේ තණ්හාව ය. / නිරුද්ධ වන්නේ නම් නිරුද්ධ වන්නේ / දිවේ විඤ්ඤාණය කෙරෙහි තිබෙන්නා වූ මේ තණ්හාව ය. /

කායවිඤ්ඤාණං ලෝකේ පියරූපං සාතරූපං. / එත්ථේසා තණ්හා පහීයමානා පහීයති. / එත්ථ නිරුජ්ඣමානා නිරුජ්ඣති. /

කයේ විඤ්ඤාණය වනාහී ලෝකයෙහි පවතින / ප්‍රිය ස්වභාවයෙන් යුතු දෙයකි, / මිහිරි ස්වභාවයෙන් යුතු දෙයකි. / ප්‍රහාණය වන්නේ නම් ප්‍රහාණය වන්නේ / කයේ විඤ්ඤාණය කෙරෙහි තිබෙන්නා වූ මේ තණ්හාව ය. / නිරුද්ධ වන්නේ නම් නිරුද්ධ වන්නේ / කයේ විඤ්ඤාණය කෙරෙහි තිබෙන්නා වූ මේ තණ්හාව ය. /

මනෝවිඤ්ඤාණං ලෝකේ පියරූපං සාතරූපං. / එත්ථේසා තණ්හා පහීයමානා පහීයති. / එත්ථ නිරුජ්ඣමානා නිරුජ්ඣති. /

මනසේ විඤ්ඤාණය වනාහී ලෝකයෙහි පවතින / ප්‍රිය ස්වභාවයෙන් යුතු දෙයකි, / මිහිරි ස්වභාවයෙන් යුතු දෙයකි. / ප්‍රහාණය වන්නේ නම් ප්‍රහාණය වන්නේ / මනෝ විඤ්ඤාණය කෙරෙහි තිබෙන්නා වූ මේ තණ්හාව ය. / නිරුද්ධ වන්නේ නම් නිරුද්ධ වන්නේ / මනෝ විඤ්ඤාණය කෙරෙහි තිබෙන්නා වූ මේ තණ්හාව ය. /

චක්ඛුසම්ඵස්සෝ ලෝකේ පියරූපං සාතරූපං. / එත්ථේසා තණ්හා පහීයමානා පහීයති. / එත්ථ නිරුජ්ඣමානා නිරුජ්ඣති. /

ඇසේ ස්පර්ශය වනාහී ලෝකයෙහි පවතින / ප්‍රිය ස්වභාවයෙන් යුතු දෙයකි, / මිහිරි ස්වභාවයෙන් යුතු දෙයකි. / ප්‍රහාණය වන්නේ නම් ප්‍රහාණය වන්නේ / ඇසේ ස්පර්ශය කෙරෙහි තිබෙන්නා වූ මේ තණ්හාව ය. / නිරුද්ධ වන්නේ නම් නිරුද්ධ වන්නේ / ඇසේ ස්පර්ශය

කෙරෙහි තිබෙන්නා වූ මේ තණ්හාව ය. /

සෝතසම්ඵස්සෝ ලෝකේ පියරූපං සාතරූපං. / එත්ථේසා තණ්හා පහීයමානා පහීයති. / එත්ථ නිරුජ්ඣමානා නිරුජ්ඣති. /

කනේ ස්පර්ශය වනාහී ලෝකයෙහි පවතින / ප්‍රිය ස්වභාවයෙන් යුතු දෙයකි, / මිහිරි ස්වභාවයෙන් යුතු දෙයකි. / ප්‍රහාණය වන්නේ නම් ප්‍රහාණය වන්නේ / කනේ ස්පර්ශය කෙරෙහි තිබෙන්නා වූ මේ තණ්හාව ය. / නිරුද්ධ වන්නේ නම් නිරුද්ධ වන්නේ / කනේ ස්පර්ශය කෙරෙහි තිබෙන්නා වූ මේ තණ්හාව ය. /

ඝානසම්ඵස්සෝ ලෝකේ පියරූපං සාතරූපං. / එත්ථේසා තණ්හා පහීයමානා පහීයති. / එත්ථ නිරුජ්ඣමානා නිරුජ්ඣති. /

නාසයේ ස්පර්ශය වනාහී ලෝකයෙහි පවතින / ප්‍රිය ස්වභාවයෙන් යුතු දෙයකි, / මිහිරි ස්වභාවයෙන් යුතු දෙයකි. / ප්‍රහාණය වන්නේ නම් ප්‍රහාණය වන්නේ / නාසයේ ස්පර්ශය කෙරෙහි තිබෙන්නා වූ මේ තණ්හාව ය. / නිරුද්ධ වන්නේ නම් නිරුද්ධ වන්නේ / නාසයේ ස්පර්ශය කෙරෙහි තිබෙන්නා වූ මේ තණ්හාව ය. /

ජිව්හාසම්ඵස්සෝ ලෝකේ පියරූපං සාතරූපං. / එත්ථේසා තණ්හා පහීයමානා පහීයති. / එත්ථ නිරුජ්ඣමානා නිරුජ්ඣති. /

දිවේ ස්පර්ශය වනාහී ලෝකයෙහි පවතින / ප්‍රිය ස්වභාවයෙන් යුතු දෙයකි, / මිහිරි ස්වභාවයෙන් යුතු දෙයකි. / ප්‍රහාණය වන්නේ නම් ප්‍රහාණය වන්නේ / දිවේ ස්පර්ශය කෙරෙහි තිබෙන්නා වූ මේ තණ්හාව ය. / නිරුද්ධ වන්නේ නම් නිරුද්ධ වන්නේ / දිවේ ස්පර්ශය කෙරෙහි තිබෙන්නා වූ මේ තණ්හාව ය. /

කායසම්ඵස්සෝ ලෝකේ පියරූපං සාතරූපං. / එත්ථේසා තණ්හා පහීයමානා පහීයති. / එත්ථ නිරුජ්ඣමානා නිරුජ්ඣති. /

කයේ ස්පර්ශය වනාහී ලෝකයෙහි පවතින / ප්‍රිය ස්වභාවයෙන් යුතු දෙයකි, / මිහිරි ස්වභාවයෙන් යුතු දෙයකි. / ප්‍රහාණය වන්නේ නම් ප්‍රහාණය වන්නේ / කයේ ස්පර්ශය කෙරෙහි තිබෙන්නා වූ මේ තණ්හාව ය. / නිරුද්ධ වන්නේ නම් නිරුද්ධ වන්නේ / කයේ ස්පර්ශය කෙරෙහි තිබෙන්නා වූ මේ තණ්හාව ය. /

මනෝසම්ඵස්සෝ ලෝකේ පියරූපං සාතරූපං. / එත්ථේසා

තණ්හා පහීයමානා පහීයති. / එත්ථ නිරුජ්ඣමානා නිරුජ්ඣති. /

මනසේ ස්පර්ශය වනාහී ලෝකයෙහි පවතින / ප්‍රිය ස්වභාවයෙන් යුතු දෙයකි, / මිහිරි ස්වභාවයෙන් යුතු දෙයකි. / ප්‍රහාණය වන්නේ නම් ප්‍රහාණය වන්නේ / මනසේ ස්පර්ශය කෙරෙහි තිබෙන්නා වූ මේ තණ්හාව ය. / නිරුද්ධ වන්නේ නම් නිරුද්ධ වන්නේ / මනසේ ස්පර්ශය කෙරෙහි තිබෙන්නා වූ මේ තණ්හාව ය. /

චක්ඛුසම්ඵස්සජා වේදනා ලෝකේ පියරූපං සාතරූපං. / එත්ථේසා තණ්හා පහීයමානා පහීයති. / එත්ථ නිරුජ්ඣමානා නිරුජ්ඣති. /

ඇසේ ස්පර්ශයෙන් උපදින විඳීම් වනාහී / ලෝකයෙහි පවතින ප්‍රිය ස්වභාවයෙන් යුතු දෙයකි, / මිහිරි ස්වභාවයෙන් යුතු දෙයකි. / ප්‍රහාණය වන්නේ නම් ප්‍රහාණය වන්නේ / ඇසේ ස්පර්ශයෙන් උපදින විඳීම් කෙරෙහි තිබෙන්නා වූ මේ තණ්හාව ය. / නිරුද්ධ වන්නේ නම් නිරුද්ධ වන්නේ / ඇසේ ස්පර්ශයෙන් උපදින විඳීම් කෙරෙහි තිබෙන්නා වූ මේ තණ්හාව ය. /

සෝතසම්ඵස්සජා වේදනා ලෝකේ පියරූපං සාතරූපං. / එත්ථේසා තණ්හා පහීයමානා පහීයති. / එත්ථ නිරුජ්ඣමානා නිරුජ්ඣති. /

කනේ ස්පර්ශයෙන් උපදින විඳීම් වනාහී / ලෝකයෙහි පවතින ප්‍රිය ස්වභාවයෙන් යුතු දෙයකි, / මිහිරි ස්වභාවයෙන් යුතු දෙයකි. / ප්‍රහාණය වන්නේ නම් ප්‍රහාණය වන්නේ / කනේ ස්පර්ශයෙන් උපදින විඳීම් කෙරෙහි තිබෙන්නා වූ මේ තණ්හාව ය. / නිරුද්ධ වන්නේ නම් නිරුද්ධ වන්නේ / කනේ ස්පර්ශයෙන් උපදින විඳීම් කෙරෙහි තිබෙන්නා වූ මේ තණ්හාව ය. /

ඝානසම්ඵස්සජා වේදනා ලෝකේ පියරූපං සාතරූපං. / එත්ථේසා තණ්හා පහීයමානා පහීයති. / එත්ථ නිරුජ්ඣමානා නිරුජ්ඣති. /

නාසයේ ස්පර්ශයෙන් උපදින විඳීම් වනාහී / ලෝකයෙහි පවතින ප්‍රිය ස්වභාවයෙන් යුතු දෙයකි, / මිහිරි ස්වභාවයෙන් යුතු දෙයකි./ ප්‍රහාණය වන්නේ නම් ප්‍රහාණය වන්නේ / නාසයේ ස්පර්ශයෙන් උපදින විඳීම් කෙරෙහි තිබෙන්නා වූ මේ තණ්හාව ය. / නිරුද්ධ වන්නේ නම් නිරුද්ධ වන්නේ / නාසයේ ස්පර්ශයෙන් උපදින විඳීම් කෙරෙහි තිබෙන්නා වූ මේ තණ්හාව ය. /

ජිව්හාසම්ඵස්සජා වේදනා ලෝකේ පියරූපං සාතරූපං. / එත්ථේසා තණ්හා පහීයමානා පහීයති. / එත්ථ නිරුජ්ඣමානා නිරුජ්ඣති. /

දිවේ ස්පර්ශයෙන් උපදින විඳීම් වනාහී / ලෝකයෙහි පවතින ප්‍රිය ස්වභාවයෙන් යුතු දෙයකි, / මිහිරි ස්වභාවයෙන් යුතු දෙයකි. / ප්‍රහාණය වන්නේ නම් ප්‍රහාණය වන්නේ / දිවේ ස්පර්ශයෙන් උපදින විඳීම් කෙරෙහි තිබෙන්නා වූ මේ තණ්හාව ය. / නිරුද්ධ වන්නේ නම් නිරුද්ධ වන්නේ / දිවේ ස්පර්ශයෙන් උපදින විඳීම් කෙරෙහි තිබෙන්නා වූ මේ තණ්හාව ය. /

කායසම්ඵස්සජා වේදනා ලෝකේ පියරූපං සාතරූපං. / එත්ථේසා තණ්හා පහීයමානා පහීයති. / එත්ථ නිරුජ්ඣමානා නිරුජ්ඣති. /

කයේ ස්පර්ශයෙන් උපදින විඳීම් වනාහී / ලෝකයෙහි පවතින ප්‍රිය ස්වභාවයෙන් යුතු දෙයකි, / මිහිරි ස්වභාවයෙන් යුතු දෙයකි. / ප්‍රහාණය වන්නේ නම් ප්‍රහාණය වන්නේ / කයේ ස්පර්ශයෙන් උපදින විඳීම් කෙරෙහි තිබෙන්නා වූ මේ තණ්හාව ය. / නිරුද්ධ වන්නේ නම් නිරුද්ධ වන්නේ / කයේ ස්පර්ශයෙන් උපදින විඳීම් කෙරෙහි තිබෙන්නා වූ මේ තණ්හාව ය. /

මනෝසම්ඵස්සජා වේදනා ලෝකේ පියරූපං සාතරූපං. / එත්ථේසා තණ්හා පහීයමානා පහීයති. / එත්ථ නිරුජ්ඣමානා නිරුජ්ඣති. /

මනසේ ස්පර්ශයෙන් උපදින විඳීම් වනාහී / ලෝකයෙහි පවතින ප්‍රිය ස්වභාවයෙන් යුතු දෙයකි, / මිහිරි ස්වභාවයෙන් යුතු දෙයකි. / ප්‍රහාණය වන්නේ නම් ප්‍රහාණය වන්නේ / මනසේ ස්පර්ශයෙන් උපදින විඳීම් කෙරෙහි තිබෙන්නා වූ මේ තණ්හාව ය. / නිරුද්ධ වන්නේ නම් නිරුද්ධ වන්නේ / මනසේ ස්පර්ශයෙන් උපදින විඳීම් කෙරෙහි තිබෙන්නා වූ මේ තණ්හාව ය. /

රූපසඤ්ඤා ලෝකේ පියරූපං සාතරූපං. / එත්ථේසා තණ්හා පහීයමානා පහීයති. / එත්ථ නිරුජ්ඣමානා නිරුජ්ඣති. /

රූප හඳුනාගැනීම වනාහී / ලෝකයෙහි පවතින ප්‍රිය ස්වභාවයෙන් යුතු දෙයකි, / මිහිරි ස්වභාවයෙන් යුතු දෙයකි. / ප්‍රහාණය වන්නේ නම් ප්‍රහාණය වන්නේ / රූප හඳුනාගැනීම කෙරෙහි තිබෙන්නා වූ මේ තණ්හාව ය. / නිරුද්ධ වන්නේ නම් නිරුද්ධ වන්නේ / රූප හඳුනා ගැනීම කෙරෙහි තිබෙන්නා වූ මේ තණ්හාව ය. /

සද්දසඤ්ඤා ලෝකේ පියරූපං සාතරූපං. / එත්ථේසා තණ්හා පහීයමානා පහීයති. / එත්ථ නිරුජ්ඣමානා නිරුජ්ඣති. /

ශබ්ද හඳුනාගැනීම වනාහී / ලෝකයෙහි පවතින ප්‍රිය ස්වභාවයෙන් යුතු දෙයකි, / මිහිරි ස්වභාවයෙන් යුතු දෙයකි. / ප්‍රහාණය වන්නේ නම් ප්‍රහාණය වන්නේ / ශබ්ද හඳුනාගැනීම කෙරෙහි තිබෙන්නා වූ මේ තණ්හාව ය. / නිරුද්ධ වන්නේ නම් නිරුද්ධ වන්නේ / ශබ්ද හඳුනා ගැනීම කෙරෙහි තිබෙන්නා වූ මේ තණ්හාව ය. /

ගන්ධසඤ්ඤා ලෝකේ පියරූපං සාතරූපං. / එත්ථේසා තණ්හා පහීයමානා පහීයති. / එත්ථ නිරුජ්ඣමානා නිරුජ්ඣති. /

ගඳසුවඳ හඳුනාගැනීම වනාහී / ලෝකයෙහි පවතින ප්‍රිය ස්වභාවයෙන් යුතු දෙයකි, / මිහිරි ස්වභාවයෙන් යුතු දෙයකි. / ප්‍රහාණය වන්නේ නම් ප්‍රහාණය වන්නේ / ගඳසුවඳ හඳුනාගැනීම කෙරෙහි තිබෙන්නා වූ මේ තණ්හාව ය. / නිරුද්ධ වන්නේ නම් නිරුද්ධ වන්නේ / ගඳසුවඳ හඳුනාගැනීම කෙරෙහි තිබෙන්නා වූ මේ තණ්හාව ය. /

රසසඤ්ඤා ලෝකේ පියරූපං සාතරූපං. / එත්ථේසා තණ්හා පහීයමානා පහීයති. / එත්ථ නිරුජ්ඣමානා නිරුජ්ඣති. /

රස හඳුනාගැනීම වනාහී / ලෝකයෙහි පවතින ප්‍රිය ස්වභාවයෙන් යුතු දෙයකි, / මිහිරි ස්වභාවයෙන් යුතු දෙයකි. / ප්‍රහාණය වන්නේ නම් ප්‍රහාණය වන්නේ / රස හඳුනාගැනීම කෙරෙහි තිබෙන්නා වූ මේ තණ්හාව ය. / නිරුද්ධ වන්නේ නම් නිරුද්ධ වන්නේ / රස හඳුනා ගැනීම කෙරෙහි තිබෙන්නා වූ මේ තණ්හාව ය. /

ඵොට්ඨබ්බසඤ්ඤා ලෝකේ පියරූපං සාතරූපං. / එත්ථේසා තණ්හා පහීයමානා පහීයති. / එත්ථ නිරුජ්ඣමානා නිරුජ්ඣති. /

පහස හඳුනාගැනීම වනාහී / ලෝකයෙහි පවතින ප්‍රිය ස්වභාවයෙන් යුතු දෙයකි, / මිහිරි ස්වභාවයෙන් යුතු දෙයකි. / ප්‍රහාණය වන්නේ නම් ප්‍රහාණය වන්නේ / පහස හඳුනාගැනීම කෙරෙහි තිබෙන්නා වූ මේ තණ්හාව ය. / නිරුද්ධ වන්නේ නම් නිරුද්ධ වන්නේ / පහස හඳුනා ගැනීම කෙරෙහි තිබෙන්නා වූ මේ තණ්හාව ය. /

ධම්මසඤ්ඤා ලෝකේ පියරූපං සාතරූපං. / එත්ථේසා තණ්හා පහීයමානා පහීයති. / එත්ථ නිරුජ්ඣමානා නිරුජ්ඣති. /

සිතින් සිතන අරමුණු හඳුනාගැනීම වනාහී / ලෝකයෙහි පවතින ප්‍රිය ස්වභාවයෙන් යුතු දෙයකි, / මිහිරි ස්වභාවයෙන් යුතු දෙයකි./ ප්‍රහාණය වන්නේ නම් ප්‍රහාණය වන්නේ / සිතින් සිතන අරමුණු හඳුනාගැනීම කෙරෙහි තිබෙන්නා වූ මේ තණ්හාව ය. / නිරුද්ධ වන්නේ නම් නිරුද්ධ වන්නේ / සිතින් සිතන අරමුණු හඳුනාගැනීම කෙරෙහි තිබෙන්නා වූ මේ තණ්හාව ය. /

රූපසඤ්චේතනා ලෝකේ පියරූපං සාතරූපං. / එත්ථේසා තණ්හා පහීයමානා පහීයති. / එත්ථ නිරුජ්ඣමානා නිරුජ්ඣති. /

රූප ගැන ඇතිවන චේතනා වනාහී / ලෝකයෙහි පවතින ප්‍රිය ස්වභාවයෙන් යුතු දෙයකි, / මිහිරි ස්වභාවයෙන් යුතු දෙයකි. ප්‍රහාණය වන්නේ නම් ප්‍රහාණය වන්නේ / රූප ගැන ඇතිවෙන චේතනා කෙරෙහි තිබෙන්නා වූ මේ තණ්හාව ය. / නිරුද්ධ වන්නේ නම් නිරුද්ධ වන්නේ/ රූප ගැන ඇතිවෙන චේතනා කෙරෙහි තිබෙන්නා වූ මේ තණ්හාව ය. /

සද්දසඤ්චේතනා ලෝකේ පියරූපං සාතරූපං. / එත්ථේසා තණ්හා පහීයමානා පහීයති. / එත්ථ නිරුජ්ඣමානා නිරුජ්ඣති. /

ශබ්ද ගැන ඇතිවන චේතනා වනාහී / ලෝකයෙහි පවතින ප්‍රිය ස්වභාවයෙන් යුතු දෙයකි, / මිහිරි ස්වභාවයෙන් යුතු දෙයකි. / ප්‍රහාණය වන්නේ නම් ප්‍රහාණය වන්නේ / ශබ්ද ගැන ඇතිවෙන චේතනා කෙරෙහි තිබෙන්නා වූ මේ තණ්හාව ය. / නිරුද්ධ වන්නේ නම් නිරුද්ධ වන්නේ/ ශබ්ද ගැන ඇතිවෙන චේතනා කෙරෙහි තිබෙන්නා වූ මේ තණ්හාව ය. /

ගන්ධසඤ්චේතනා ලෝකේ පියරූපං සාතරූපං. / එත්ථේසා තණ්හා පහීයමානා පහීයති. / එත්ථ නිරුජ්ඣමානා නිරුජ්ඣති. /

ගඳසුවඳ ගැන ඇතිවන චේතනා වනාහී / ලෝකයෙහි පවතින ප්‍රිය ස්වභාවයෙන් යුතු දෙයකි, / මිහිරි ස්වභාවයෙන් යුතු දෙයකි. / ප්‍රහාණය වන්නේ නම් ප්‍රහාණය වන්නේ / ගඳසුවඳ ගැන ඇතිවෙන චේතනා කෙරෙහි තිබෙන්නා වූ මේ තණ්හාව ය. / නිරුද්ධ වන්නේ නම් නිරුද්ධ වන්නේ / ගඳසුවඳ ගැන ඇතිවෙන චේතනා කෙරෙහි තිබෙන්නා වූ මේ තණ්හාව ය. /

රසසඤ්චේතනා ලෝකේ පියරූපං සාතරූපං. / එත්ථේසා තණ්හා පහීයමානා පහීයති. / එත්ථ නිරුජ්ඣමානා නිරුජ්ඣති. /

රස ගැන ඇතිවන චේතනා වනාහී / ලෝකයෙහි පවතින ප්‍රිය ස්වභාවයෙන් යුතු දෙයකි, / මිහිරි ස්වභාවයෙන් යුතු දෙයකි. / ප්‍රහාණය වන්නේ නම් ප්‍රහාණය වන්නේ / රස ගැන ඇතිවෙන චේතනා කෙරෙහි තිබෙන්නා වූ මේ තණ්හාව ය. / නිරුද්ධ වන්නේ නම් නිරුද්ධ වන්නේ / රස ගැන ඇතිවෙන චේතනා කෙරෙහි තිබෙන්නා වූ මේ තණ්හාව ය. /

ඵොට්ඨබ්බසඤ්චේතනා ලෝකේ පියරූපං සාතරූපං. / එත්ථේසා තණ්හා පහීයමානා පහීයති. / එත්ථ නිරුජ්ඣමානා නිරුජ්ඣති. /

පහස ගැන ඇතිවන චේතනා වනාහී / ලෝකයෙහි පවතින ප්‍රිය ස්වභාවයෙන් යුතු දෙයකි, / මිහිරි ස්වභාවයෙන් යුතු දෙයකි. / ප්‍රහාණය වන්නේ නම් ප්‍රහාණය වන්නේ / පහස ගැන ඇතිවෙන චේතනා කෙරෙහි තිබෙන්නා වූ මේ තණ්හාව ය. / නිරුද්ධ වන්නේ නම් නිරුද්ධ වන්නේ/ පහස ගැන ඇතිවෙන චේතනා කෙරෙහි තිබෙන්නා වූ මේ තණ්හාව ය. /

ධම්මසඤ්චේතනා ලෝකේ පියරූපං සාතරූපං. / එත්ථේසා තණ්හා පහීයමානා පහීයති. / එත්ථ නිරුජ්ඣමානා නිරුජ්ඣති. /

සිතින් සිතන අරමුණු ගැන ඇතිවන චේතනා වනාහී / ලෝකයෙහි පවතින ප්‍රිය ස්වභාවයෙන් යුතු දෙයකි, / මිහිරි ස්වභාවයෙන් යුතු දෙයකි./ ප්‍රහාණය වන්නේ නම් ප්‍රහාණය වන්නේ / සිතින් සිතන අරමුණු ගැන ඇතිවන චේතනා කෙරෙහි තිබෙන්නා වූ මේ තණ්හාව ය./ නිරුද්ධ වන්නේ නම් නිරුද්ධ වන්නේ / සිතින් සිතන අරමුණු ගැන ඇතිවන චේතනා කෙරෙහි තිබෙන්නා වූ මේ තණ්හාව ය. /

රූපතණ්හා ලෝකේ පියරූපං සාතරූපං. / එත්ථේසා තණ්හා පහීයමානා පහීයති. / එත්ථ නිරුජ්ඣමානා නිරුජ්ඣති. /

රූප ගැන ඇතිවෙන තණ්හාව වනාහී / ලෝකයෙහි පවතින ප්‍රිය ස්වභාවයෙන් යුතු දෙයකි, / මිහිරි ස්වභාවයෙන් යුතු දෙයකි. / ප්‍රහාණය වන්නේ නම් ප්‍රහාණය වන්නේ / රූප ගැන ඇතිවෙන තණ්හාව කෙරෙහි තිබෙන්නා වූ මේ තණ්හාව ය. / නිරුද්ධ වන්නේ නම් නිරුද්ධ වන්නේ/ රූප ගැන ඇතිවෙන තණ්හාව කෙරෙහි තිබෙන්නා වූ මේ තණ්හාව ය. /

සද්දතණ්හා ලෝකේ පියරූපං සාතරූපං. / එත්ථේසා තණ්හා පහීයමානා පහීයති. / එත්ථ නිරුජ්ඣමානා නිරුජ්ඣති. /

ශබ්ද ගැන ඇතිවෙන තණ්හාව වනාහී / ලෝකයෙහි පවතින ප්‍රිය

ස්වභාවයෙන් යුතු දෙයකි, / මිහිරි ස්වභාවයෙන් යුතු දෙයකි. / ප්‍රහාණය වන්නේ නම් ප්‍රහාණය වන්නේ / ශබ්ද ගැන ඇතිවෙන තණ්හාව කෙරෙහි තිබෙන්නා වූ මේ තණ්හාව ය. / නිරුද්ධ වන්නේ නම් නිරුද්ධ වන්නේ/ ශබ්ද ගැන ඇතිවෙන තණ්හාව කෙරෙහි තිබෙන්නා වූ මේ තණ්හාව ය. /

ගන්ධතණ්හා ලෝකේ පියරූපං සාතරූපං. / එත්ථේසා තණ්හා පහීයමානා පහීයති. / එත්ථ නිරුජ්ඣමානා නිරුජ්ඣති. /

ගඳසුවඳ ගැන ඇතිවෙන තණ්හාව වනාහී / ලෝකයෙහි පවතින ප්‍රිය ස්වභාවයෙන් යුතු දෙයකි, / මිහිරි ස්වභාවයෙන් යුතු දෙයකි. / ප්‍රහාණය වන්නේ නම් ප්‍රහාණය වන්නේ / ගඳසුවඳ ගැන ඇතිවෙන තණ්හාව කෙරෙහි තිබෙන්නා වූ මේ තණ්හාව ය. / නිරුද්ධ වන්නේ නම් නිරුද්ධ වන්නේ / ගඳසුවඳ ගැන ඇතිවෙන තණ්හාව කෙරෙහි තිබෙන්නා වූ මේ තණ්හාව ය. /

රසතණ්හා ලෝකේ පියරූපං සාතරූපං. / එත්ථේසා තණ්හා පහීයමානා පහීයති. / එත්ථ නිරුජ්ඣමානා නිරුජ්ඣති. /

රස ගැන ඇතිවෙන තණ්හාව වනාහී / ලෝකයෙහි පවතින ප්‍රිය ස්වභාවයෙන් යුතු දෙයකි, / මිහිරි ස්වභාවයෙන් යුතු දෙයකි. / ප්‍රහාණය වන්නේ නම් ප්‍රහාණය වන්නේ / රස ගැන ඇතිවෙන තණ්හාව කෙරෙහි තිබෙන්නා වූ මේ තණ්හාව ය. / නිරුද්ධ වන්නේ නම් නිරුද්ධ වන්නේ / රස ගැන ඇතිවෙන තණ්හාව කෙරෙහි තිබෙන්නා වූ මේ තණ්හාව ය. /

ඵොට්ඨබ්බතණ්හා ලෝකේ පියරූපං සාතරූපං. / එත්ථේසා තණ්හා පහීයමානා පහීයති. / එත්ථ නිරුජ්ඣමානා නිරුජ්ඣති. /

පහස ගැන ඇතිවෙන තණ්හාව වනාහී / ලෝකයෙහි පවතින ප්‍රිය ස්වභාවයෙන් යුතු දෙයකි, / මිහිරි ස්වභාවයෙන් යුතු දෙයකි. / ප්‍රහාණය වන්නේ නම් ප්‍රහාණය වන්නේ / පහස ගැන ඇතිවෙන තණ්හාව කෙරෙහි තිබෙන්නා වූ මේ තණ්හාව ය. / නිරුද්ධ වන්නේ නම් නිරුද්ධ වන්නේ / පහස ගැන ඇතිවෙන තණ්හාව කෙරෙහි තිබෙන්නා වූ මේ තණ්හාව ය. /

ධම්මතණ්හා ලෝකේ පියරූපං සාතරූපං. / එත්ථේසා තණ්හා පහීයමානා පහීයති. / එත්ථ නිරුජ්ඣමානා නිරුජ්ඣති. /

සිතින් සිතන අරමුණු ගැන ඇතිවෙන තණ්හාව වනාහී /

ලෝකයෙහි පවතින ප්‍රිය ස්වභාවයෙන් යුතු දෙයකි, / මිහිරි ස්වභාවයෙන් යුතු දෙයකි./ ප්‍රහාණය වන්නේ නම් ප්‍රහාණය වන්නේ / සිතින් සිතන අරමුණු ගැන ඇතිවෙන තණ්හාව කෙරෙහි තිබෙන්නා වූ මේ තණ්හාව ය. / නිරුද්ධ වන්නේ නම් නිරුද්ධ වන්නේ / සිතින් සිතන අරමුණු ගැන ඇතිවෙන තණ්හාව කෙරෙහි තිබෙන්නා වූ මේ තණ්හාව ය. /

රූපවිතක්කෝ ලෝකේ පියරූපං සාතරූපං. / එත්ථේසා තණ්හා පහීයමානා පහීයති. / එත්ථ නිරුජ්ඣමානා නිරුජ්ඣති. /

ඇසට පෙනෙන රූප ගැන ඇතිවෙන විතර්ක වනාහී / ලෝකයෙහි පවතින ප්‍රිය ස්වභාවයෙන් යුතු දෙයකි, / මිහිරි ස්වභාවයෙන් යුතු දෙයකි./ ප්‍රහාණය වන්නේ නම් ප්‍රහාණය වන්නේ / ඇසට පෙනෙන රූප ගැන ඇතිවෙන / විතර්ක කෙරෙහි තිබෙන්නා වූ මේ තණ්හාව ය./ නිරුද්ධ වන්නේ නම් නිරුද්ධ වන්නේ / ඇසට පෙනෙන රූප ගැන ඇතිවෙන / විතර්ක කෙරෙහි තිබෙන්නා වූ මේ තණ්හාව ය. /

සද්දවිතක්කෝ ලෝකේ පියරූපං සාතරූපං. / එත්ථේසා තණ්හා පහීයමානා පහීයති. / එත්ථ නිරුජ්ඣමානා නිරුජ්ඣති. /

කනට ඇසෙන ශබ්ද ගැන ඇතිවෙන විතර්ක වනාහී / ලෝකයෙහි පවතින ප්‍රිය ස්වභාවයෙන් යුතු දෙයකි, / මිහිරි ස්වභාවයෙන් යුතු දෙයකි./ ප්‍රහාණය වන්නේ නම් ප්‍රහාණය වන්නේ / කනට ඇසෙන ශබ්ද ගැන ඇතිවෙන / විතර්ක කෙරෙහි තිබෙන්නා වූ මේ තණ්හාව ය./ නිරුද්ධ වන්නේ නම් නිරුද්ධ වන්නේ / කනට ඇසෙන ශබ්ද ගැන ඇතිවෙන / විතර්ක කෙරෙහි තිබෙන්නා වූ මේ තණ්හාව ය. /

ගන්ධවිතක්කෝ ලෝකේ පියරූපං සාතරූපං. / එත්ථේසා තණ්හා පහීයමානා පහීයති. / එත්ථ නිරුජ්ඣමානා නිරුජ්ඣති. /

නාසයට දැනෙන ගඳසුවඳ ගැන ඇතිවෙන විතර්ක වනාහී / ලෝකයෙහි පවතින ප්‍රිය ස්වභාවයෙන් යුතු දෙයකි, / මිහිරි ස්වභාවයෙන් යුතු දෙයකි. / ප්‍රහාණය වන්නේ නම් ප්‍රහාණය වන්නේ / නාසයට දැනෙන ගඳසුවඳ ගැන ඇතිවෙන / විතර්ක කෙරෙහි තිබෙන්නා වූ මේ තණ්හාව ය. / නිරුද්ධ වන්නේ නම් නිරුද්ධ වන්නේ / නාසයට දැනෙන ගඳසුවඳ ගැන ඇතිවෙන / විතර්ක කෙරෙහි තිබෙන්නා වූ මේ තණ්හාව ය. /

රසවිතක්කෝ ලෝකේ පියරූපං සාතරූපං. / එත්ථේසා තණ්හා පහීයමානා පහීයති. / එත්ථ නිරුජ්ඣමානා නිරුජ්ඣති. /

දිවට දැනෙන රස ගැන ඇතිවෙන විතර්ක වනාහී / ලෝකයෙහි පවතින ප්‍රිය ස්වභාවයෙන් යුතු දෙයකි, / මිහිරි ස්වභාවයෙන් යුතු දෙයකි. / ප්‍රහාණය වන්නේ නම් ප්‍රහාණය වන්නේ / දිවට දැනෙන රස ගැන ඇතිවෙන / විතර්ක කෙරෙහි තිබෙන්නා වූ මේ තණ්හාව ය. / නිරුද්ධ වන්නේ නම් නිරුද්ධ වන්නේ / දිවට දැනෙන රස ගැන ඇතිවෙන / විතර්ක කෙරෙහි තිබෙන්නා වූ මේ තණ්හාව ය. /

ඵොට්ඨබ්බවිතක්කෝ ලෝකේ පියරූපං සාතරූපං. / එත්ථේසා තණ්හා පහීයමානා පහීයති. / එත්ථ නිරුජ්ඣමානා නිරුජ්ඣති. /

කයට දැනෙන පහස ගැන ඇතිවෙන විතර්ක වනාහී / ලෝකයෙහි පවතින ප්‍රිය ස්වභාවයෙන් යුතු දෙයකි, / මිහිරි ස්වභාවයෙන් යුතු දෙයකි. / ප්‍රහාණය වන්නේ නම් ප්‍රහාණය වන්නේ / කයට දැනෙන පහස ගැන ඇතිවෙන / විතර්ක කෙරෙහි තිබෙන්නා වූ මේ තණ්හාව ය. / නිරුද්ධ වන්නේ නම් නිරුද්ධ වන්නේ / කයට දැනෙන පහස ගැන ඇතිවෙන / විතර්ක කෙරෙහි තිබෙන්නා වූ මේ තණ්හාව ය. /

ධම්මවිතක්කෝ ලෝකේ පියරූපං සාතරූපං. / එත්ථේසා තණ්හා පහීයමානා පහීයති. / එත්ථ නිරුජ්ඣමානා නිරුජ්ඣති. /

සිතට එන අරමුණු ගැන ඇතිවෙන විතර්ක වනාහී / ලෝකයෙහි පවතින ප්‍රිය ස්වභාවයෙන් යුතු දෙයකි, / මිහිරි ස්වභාවයෙන් යුතු දෙයකි. / ප්‍රහාණය වන්නේ නම් ප්‍රහාණය වන්නේ / සිතට එන අරමුණු ගැන ඇතිවෙන / විතර්ක කෙරෙහි තිබෙන්නා වූ මේ තණ්හාව ය. / නිරුද්ධ වන්නේ නම් නිරුද්ධ වන්නේ / සිතට එන අරමුණු ගැන ඇතිවෙන / විතර්ක කෙරෙහි තිබෙන්නා වූ මේ තණ්හාව ය. /

රූපවිචාරෝ ලෝකේ පියරූපං සාතරූපං. / එත්ථේසා තණ්හා පහීයමානා පහීයති. / එත්ථ නිරුජ්ඣමානා නිරුජ්ඣති. /

ඇසට පෙනෙන රූප ගැන / යළි යළි ඇතිවෙන විතර්ක වනාහී / ලෝකයෙහි පවතින ප්‍රිය ස්වභාවයෙන් යුතු දෙයකි, / මිහිරි ස්වභාවයෙන් යුතු දෙයකි. / ප්‍රහාණය වන්නේ නම් ප්‍රහාණය වන්නේ/ ඇසට පෙනෙන රූප ගැන / යළි යළි ඇතිවෙන විතර්ක කෙරෙහි තිබෙන්නා වූ මේ

තණ්හාව ය. / නිරුද්ධ වන්නේ නම් නිරුද්ධ වන්නේ/ ඇසට පෙනෙන රූප ගැන / යළි යළි ඇතිවෙන විතර්ක කෙරෙහි තිබෙන්නා වූ මේ තණ්හාව ය. /

සද්දවිචාරෝ ලෝකේ පියරූපං සාතරූපං. / එත්ථේසා තණ්හා පහීයමානා පහීයති. / එත්ථ නිරුජ්ඣමානා නිරුජ්ඣති. /

කනට ඇසෙන ශබ්ද ගැන / යළි යළි ඇතිවෙන විතර්ක වනාහී / ලෝකයෙහි පවතින ප්‍රිය ස්වභාවයෙන් යුතු දෙයකි, මිහිරි ස්වභාවයෙන් යුතු දෙයකි. ප්‍රහාණය වන්නේ නම් ප්‍රහාණය වන්නේ / කනට ඇසෙන ශබ්ද ගැන / යළි යළි ඇතිවෙන විතර්ක කෙරෙහි තිබෙන්නා වූ මේ තණ්හාව ය. / නිරුද්ධ වන්නේ නම් නිරුද්ධ වන්නේ / කනට ඇසෙන ශබ්ද ගැන / යළි යළි ඇතිවෙන විතර්ක කෙරෙහි තිබෙන්නා වූ මේ තණ්හාව ය. /

ගන්ධවිචාරෝ ලෝකේ පියරූපං සාතරූපං. / එත්ථේසා තණ්හා පහීයමානා පහීයති. / එත්ථ නිරුජ්ඣමානා නිරුජ්ඣති. /

නාසයට දැනෙන ගඳසුවඳ ගැන / යළි යළි ඇතිවෙන විතර්ක වනාහී / ලෝකයෙහි පවතින ප්‍රිය ස්වභාවයෙන් යුතු දෙයකි, / මිහිරි ස්වභාවයෙන් යුතු දෙයකි. ප්‍රහාණය වන්නේ නම් ප්‍රහාණය වන්නේ / නාසයට දැනෙන ගඳසුවඳ ගැන / යළි යළි ඇතිවෙන විතර්ක කෙරෙහි තිබෙන්නා වූ මේ තණ්හාව ය. / නිරුද්ධ වන්නේ නම් නිරුද්ධ වන්නේ/ නාසයට දැනෙන ගඳසුවඳ ගැන / යළි යළි ඇතිවෙන විතර්ක කෙරෙහි තිබෙන්නා වූ මේ තණ්හාව ය. /

රසවිචාරෝ ලෝකේ පියරූපං සාතරූපං. / එත්ථේසා තණ්හා පහීයමානා පහීයති. / එත්ථ නිරුජ්ඣමානා නිරුජ්ඣති. /

දිවට දැනෙන රස ගැන / යළි යළි ඇතිවෙන විතර්ක වනාහී / ලෝකයෙහි පවතින ප්‍රිය ස්වභාවයෙන් යුතු දෙයකි, / මිහිරි ස්වභාවයෙන් යුතු දෙයකි. ප්‍රහාණය වන්නේ නම් ප්‍රහාණය වන්නේ / දිවට දැනෙන රස ගැන / යළි යළි ඇතිවෙන විතර්ක කෙරෙහි තිබෙන්නා වූ මේ තණ්හාව ය. / නිරුද්ධ වන්නේ නම් නිරුද්ධ වන්නේ / දිවට දැනෙන රස ගැන / යළි යළි ඇතිවෙන විතර්ක කෙරෙහි තිබෙන්නා වූ මේ තණ්හාව ය. /

ඵොට්ඨබ්බවිචාරෝ ලෝකේ පියරූපං සාතරූපං. / එත්ථේසා තණ්හා පහීයමානා පහීයති. / එත්ථ නිරුජ්ඣමානා නිරුජ්ඣති. /

කයට දැනෙන පහස ගැන / යළි යළි ඇතිවෙන විතර්ක වනාහී / ලෝකයෙහි පවතින ප්‍රිය ස්වභාවයෙන් යුතු දෙයකි, / මිහිරි ස්වභාවයෙන් යුතු දෙයකි. / ප්‍රහාණය වන්නේ නම් ප්‍රහාණය වන්නේ / කයට දැනෙන පහස ගැන / යළි යළි ඇතිවෙන විතර්ක කෙරෙහි තිබෙන්නා වූ මේ තණ්හාව ය. / නිරුද්ධ වන්නේ නම් නිරුද්ධ වන්නේ / කයට දැනෙන පහස ගැන / යළි යළි ඇතිවෙන විතර්ක කෙරෙහි තිබෙන්නා වූ මේ තණ්හාව ය. /

ධම්මවිචාරෝ ලෝකේ පියරූපං සාතරූපං. / එත්ථේසා තණ්හා පහීයමානා පහීයති. / එත්ථ නිරුජ්ඣමානා නිරුජ්ඣති. /

සිතට එන අරමුණු ගැන / යළි යළි ඇතිවෙන විතර්ක වනාහී / ලෝකයෙහි පවතින ප්‍රිය ස්වභාවයෙන් යුතු දෙයකි, / මිහිරි ස්වභාවයෙන් යුතු දෙයකි. / ප්‍රහාණය වන්නේ නම් ප්‍රහාණය වන්නේ / සිතට එන අරමුණු ගැන / යළි යළි ඇතිවෙන විතර්ක කෙරෙහි තිබෙන්නා වූ මේ තණ්හාව ය. / නිරුද්ධ වන්නේ නම් නිරුද්ධ වන්නේ / සිතට එන අරමුණු ගැන / යළි යළි ඇතිවෙන විතර්ක කෙරෙහි තිබෙන්නා වූ මේ තණ්හාව ය. /

ඉදං වුච්චති භික්ඛවේ, දුක්ඛනිරෝධං අරියසච්චං. /

පින්වත් මහණෙනි, / මෙය වනාහී දුක් නිරුද්ධ වීම නම් වූ ආර්ය සත්‍යය යැයි කියනු ලබන්නේය. /

කතමඤ්ච භික්ඛවේ, දුක්ඛනිරෝධගාමිනී පටිපදා අරියසච්චං?/ අයමේව අරියෝ අට්ඨංගිකෝ මග්ගෝ. / සෙය්‍යථීදං: / සම්මාදිට්ඨි සම්මාසංකප්පෝ සම්මාවාචා සම්මාකම්මන්තෝ / සම්මාආජීවෝ සම්මාවායාමෝ සම්මාසති සම්මාසමාධි. /

පින්වත් මහණෙනි, / දුක නිරුද්ධ වීම පිණිස පවතින ප්‍රතිපදාව නම් වූ / ආර්ය සත්‍යය යනු කුමක්ද? / එය වනාහී / මේ ආර්ය අෂ්ටාංගික මාර්ගය යි. / එනම් සම්මා දිට්ඨිය ය, / සම්මා සංකල්පය ය, / සම්මා වාචා ය, / සම්මා කම්මන්තය ය, / සම්මා ආජීවය ය, / සම්මා වායාමය ය, / සම්මා සතිය ය, / සම්මා සමාධිය ය යන මෙයයි.

කතමා ච භික්ඛවේ, සම්මාදිට්ඨි? / යං ඛෝ භික්ඛවේ, දුක්ඛේ ඤාණං, දුක්ඛසමුදයේ ඤාණං, / දුක්ඛනිරෝධේ ඤාණං, දුක්ඛනිරෝධ-ගාමිනියා පටිපදාය ඤාණං, / අයං වුච්චති භික්ඛවේ, සම්මාදිට්ඨි. /

පින්වත් මහණෙනි, / සම්මා දිට්ඨිය යනු කුමක්ද? / පින්වත් මහණෙනි, / දුක්ඛ ආර්ය සත්‍යය පිළිබඳව / යම් අවබෝධ ඤාණයක් ඇද්ද / දුක් උපදවන්නා වූ ආර්ය සත්‍යය පිළිබඳව / යම් අවබෝධ ඤාණයක් ඇද්ද / දුක් නිරුද්ධ වන්නා වූ ආර්ය සත්‍යය පිළිබඳව / යම් අවබෝධ ඤාණයක් ඇද්ද / දුක් නිරුද්ධ වීම පිණිස පවතින්නා වූ / ප්‍රතිපදා ආර්ය සත්‍යය පිළිබඳව / යම් අවබෝධ ඤාණයක් ඇද්ද / පින්වත් මහණෙනි, / මෙය වනාහී සම්මා දිට්ඨිය යැයි කියනු ලබන්නේය./

කතමෝ ච භික්ඛවේ, සම්මාසංකප්පෝ? / නෙක්ඛම්මසංකප්පෝ අව්‍යාපාදසංකප්පෝ අවිහිංසාසංකප්පෝ. / අයං වුච්චති භික්ඛවේ, සම්මාසංකප්පෝ. /

පින්වත් මහණෙනි, / සම්මා සංකල්පය යනු කුමක්ද? / දුකින් නිදහස් වීම පිණිස නුවණින් විමසීම නම් වූ / නෙක්ඛම්ම සංකල්පය ය./ තරහ අමනාප රහිතව / මෙත් සිත දියුණු කිරීම නම් වූ / අව්‍යාපාද සංකල්පය ය. / තමන් හට හෝ අනුන් හට හෝ / හිංසා පීඩා නොකිරීමට සිතීම නම් වූ / අවිහිංසා සංකල්පය ය. / පින්වත් මහණෙනි, / මෙය වනාහී සම්මා සංකල්පය යැයි කියනු ලබන්නේ ය. /

කතමා ච භික්ඛවේ, සම්මාවාචා? / මුසාවාදා වේරමණී, පිසුනාය වාචාය වේරමණී, / ඵරුසාය වාචාය වේරමණී, සම්ඵප්පලාපා වේරමණී./ අයං වුච්චති භික්ඛවේ, සම්මාවාචා. /

පින්වත් මහණෙනි, / සම්මා වාචා යනු කුමක්ද? / බොරු කීමෙන් වැළකී සිටීම ය. / කේලාම් කීමෙන් වැළකී සිටීම ය. / පරුෂ වචන කීමෙන් වැළකී සිටීම ය. / හිස් වචන කීමෙන් වැළකී සිටීම ය. / පින්වත් මහණෙනි, / මෙය වනාහී සම්මා වාචා යැයි කියනු ලබන්නේ ය. /

කතමෝ ච භික්ඛවේ, සම්මාකම්මන්තෝ? / පාණාතිපාතා වේරමණී, අදින්නාදානා වේරමණී, / කාමේසු මිච්ඡාචාරා වේරමණී. / අයං වුච්චති භික්ඛවේ, සම්මාකම්මන්තෝ. /

පින්වත් මහණෙනි, / සම්මා කම්මන්ත යනු කුමක්ද? /

ප්‍රාණඝාතයෙන් වැළකී සිටීම ය. / සොරකම් කිරීමෙන් වැළකී සිටීම ය. / වැරදි කාමසේවනයෙන් වැළකී සිටීම ය. / පින්වත් මහණෙනි, / මෙය වනාහී සම්මා කම්මන්ත යැයි කියනු ලබන්නේ ය. /

කතමො ච භික්ඛවේ, සම්මා ආජීවො? / ඉධ භික්ඛවේ, අරියසාවකෝ මිච්ඡා ආජීවං පහාය / සම්මා ආජීවේන ජීවිකං කප්පේති. / අයං වුච්චති භික්ඛවේ, සම්මා ආජීවෝ. /

පින්වත් මහණෙනි, / සම්මා ආජීව යනු කුමක් ද? / පින්වත් මහණෙනි, / මෙකරුණෙහිලා ආර්ය ශ්‍රාවකයා / වැරදි ලෙස ධනය උපයන දිවි පැවැත්ම දුරුකොට / ඉතා ධාර්මික ලෙස ජීවිතය ගත කරන්නේ ය. / පින්වත් මහණෙනි, / මෙය වනාහී සම්මා ආජීව යැයි කියනු ලබන්නේ ය. /

කතමො ච භික්ඛවේ, සම්මා වායාමො? / ඉධ භික්ඛවේ, භික්ඛු අනුප්පන්නානං පාපකානං අකුසලානං ධම්මානං අනුප්පාදාය / ඡන්දං ජනේති, වායමති, විරියං ආරභති, / චිත්තං පග්ගණ්හාති, පදහති. /

පින්වත් මහණෙනි, / සම්මා වායාම යනු කුමක්ද? / පින්වත් මහණෙනි, / මෙකරුණෙහිලා භික්ෂුව / තවම නො හටගත්තා වූ / පාපී අකුසල ධර්මයන් නො හටගැනීම පිණිස / කැමැත්ත උපදවන්නේය, / වෑයම් කරන්නේය, / වීරිය අරඹන්නේය, / සිත දැඩිකොට ගන්නේය,/ බලවත්ව වීරිය ගන්නේය. /

උප්පන්නානං පාපකානං අකුසලානං ධම්මානං පහානාය / ඡන්දං ජනේති, වායමති, විරියං ආරභති, / චිත්තං පග්ගණ්හාති, පදහති. /

හටගෙන තිබෙන්නා වූ පාපී අකුසල ධර්මයන් ප්‍රහාණය කිරීම පිණිස/ කැමැත්ත උපදවන්නේය, / වෑයම් කරන්නේය, / වීරිය අරඹන්නේය, / සිත දැඩිකොට ගන්නේය, / බලවත්ව වීරිය ගන්නේය. /

අනුප්පන්නානං කුසලානං ධම්මානං උප්පාදාය / ඡන්දං ජනේති, වායමති, විරියං ආරභති, / චිත්තං පග්ගණ්හාති, පදහති.

නො හටගත්තා වූ කුසල ධර්මයන් උපදවා ගැනීම පිණිස / කැමැත්ත උපදවන්නේය, / වෑයම් කරන්නේය, / වීරිය අරඹන්නේය, / සිත දැඩිකොට ගන්නේය, / බලවත්ව වීරිය ගන්නේය. /

උප්පන්නානං කුසලානං ධම්මානං ඨිතියා / අසම්මෝසාය භියෝභාවාය වේපුල්ලාය භාවනාය පාරිපූරියා / ඡන්දං ජනේති, වායමති, විරියං ආරභති, / චිත්තං පග්ගණ්හාති, පදහති. / අයං වුච්චති භික්ඛවේ, සම්මාවායාමෝ. /

හටගත්තා වූ කුසල ධර්මයන් පවතිනු පිණිස, / නැති නොවීම පිණිස/ වැඩි දියුණු කරගැනීම පිණිස / විපුල බවට පත්කරගැනීම පිණිස/ භාවනාවෙන් සම්පූර්ණ කරගැනීම පිණිස / කැමැත්ත උපදවන්නේය, / වෑයම් කරන්නේය, / වීරිය අරඹන්නේය, / සිත දැඩිකොට ගන්නේය, / බලවත්ව වීරිය ගන්නේය. / පින්වත් මහණෙනි, / මෙය වනාහී සම්මා වායාම යැයි කියනු ලබන්නේය. /

කතමා ච භික්ඛවේ, සම්මාසති? / ඉධ භික්ඛවේ, භික්ඛු කායේ කායානුපස්සී විහරති / ආතාපී සම්පජානෝ සතිමා / විනෙය්‍ය ලෝකේ අභිජ්ඣාදෝමනස්සං. /

පින්වත් මහණෙනි, / සම්මා සතිය යනු කුමක්ද? / පින්වත් මහණෙනි,/ මේ ධර්මයෙහි හැසිරෙනු කැමති ශ්‍රාවකයා / කෙලෙස් තවන වීරියෙන් යුතුව / වටහා ගැනීමේ නුවණින් යුතුව / මනා අවධානයෙන් යුතුව / ලෝකයෙහි ඇලීම් ගැටීම් බැහැර කොට / මේ ශරීරයෙහි පවතින සැබෑ තත්වය / අවබෝධයෙන් ම දකිමින් / කායානුපස්සනාවෙන් වාසය කරයි. /

වේදනාසු වේදනානුපස්සී විහරති / ආතාපී සම්පජානෝ සතිමා / විනෙය්‍ය ලෝකේ අභිජ්ඣාදෝමනස්සං. /

ඒ ආකාරයෙන් ම / කෙලෙස් තවන වීරියෙන් යුතුව / වටහා ගැනීමේ නුවණින් යුතුව / මනා අවධානයෙන් යුතුව / ලෝකයෙහි ඇලීම් ගැටීම් බැහැර කොට / සැප දුක් උපේක්ෂා විඳීම් පිළිබඳ සැබෑ තත්වය/ අවබෝධයෙන් ම දකිමින් / වේදනානුපස්සනාවෙන් වාසය කරයි. /

චිත්තේ චිත්තානුපස්සී විහරති / ආතාපී සම්පජානෝ සතිමා / විනෙය්‍ය ලෝකේ අභිජ්ඣාදෝමනස්සං. /

ඒ ආකාරයෙන් ම / කෙලෙස් තවන වීරියෙන් යුතුව / වටහා ගැනීමේ නුවණින් යුතුව / මනා අවධානයෙන් යුතුව / ලෝකයෙහි ඇලීම් ගැටීම් බැහැර කොට / සිත පිළිබඳ සැබෑ තත්වය / අවබෝධයෙන් ම දකිමින් / චිත්තානුපස්සනාවෙන් වාසය කරයි. /

ධම්මේසු ධම්මානුපස්සී විහරති / ආතාපී සම්පජානෝ සතිමා / විනෙය්‍ය ලෝකේ අභිජ්ඣාදෝමනස්සං. /

ඒ ආකාරයෙන් ම / කෙලෙස් තවන වීරියෙන් යුතුව / වටහා ගැනීමේ නුවණින් යුතුව / මනා අවධානයෙන් යුතුව / ලෝකයෙහි ඇලීම් ගැටීම් බැහැර කොට / ධර්මයන් පිළිබඳ සැබෑ තත්වය / අවබෝධයෙන් ම දකිමින් / ධම්මානුපස්සනාවෙන් වාසය කරයි. /

අයං වුච්චති භික්ඛවේ, සම්මාසති. /

පින්වත් මහණෙනි, / මෙය වනාහී සම්මා සතිය යැයි කියනු ලබන්නේය. /

කතමෝ ච භික්ඛවේ, සම්මා සමාධි? / ඉධ භික්ඛවේ, භික්ඛු විවිච්චේව කාමේහි විවිච්ච අකුසලේහි ධම්මේහි / සවිතක්කං සවිචාරං විවේකජං පීති සුඛං / පඨමං ඣානං උපසම්පජ්ජ විහරති, /

පින්වත් මහණෙනි, / සම්මා සමාධිය යනු කුමක් ද? / පින්වත් මහණෙනි, / මේ ධර්මයෙහි හැසිරෙනු කැමති ශ්‍රාවකයා / කාමයන්ගෙන් වෙන් වීමෙන් ම / අකුසල ධර්මයන්ගෙන් වෙන් වීමෙන් ම / විතර්ක සහිත වූ විචාර සහිත වූ / විවේකයෙන් හටගත්තා වූ ප්‍රීතිය හා සැපය ඇත්තා වූ / පළමුවෙනි ධ්‍යානය උපදවාගෙන වාසය කරන්නේය. /

විතක්කවිචාරානං වූපසමා / අජ්ඣත්තං සම්පසාදනං චේතසෝ ඒකෝදිභාවං / අවිතක්කං අවිචාරං සමාධිජං පීතිසුඛං / දුතියං ඣානං උපසම්පජ්ජ විහරති. /

විතර්ක විචාරයන්ගේ සංසිඳීමෙන් ම / තමාගේ සිත තුළ බලවත් පැහැදීමෙන් යුතුව / සිතේ එකඟ බවෙන් යුතුව / විතර්ක විචාර රහිත වූ / සමාධියෙන් හටගත්තා වූ / ප්‍රීතිය හා සැපය ඇත්තා වූ / දෙවෙනි ධ්‍යානය උපදවාගෙන වාසය කරන්නේ ය. /

පීතියා ච විරාගා උපෙක්ඛකෝ ච විහරති. / සතෝ ච සම්පජානෝ සුඛඤ්ච කායේන පටිසංවේදේති. / යන්තං අරියා ආචික්ඛන්ති, / 'උපෙක්ඛකෝ සතිමා සුඛවිහාරී'ති, / තං තතියං ඣානං උපසම්පජ්ජ විහරති. /

ප්‍රීතිය කෙරෙහි නො ඇල්මෙන් / සිහියෙන් හා නුවණින් යුතුව /

කයෙන් සැපය ද විඳිමින් / උපේක්ෂාවෙන් යුතුව වාසය කරන්නේය. / ආර්යන් වහන්සේලා / උපේක්ෂා සහගතව සිහියෙන් යුතුව / සැපසේ වාසය කිරීම යැයි පවසන ලද්දා වූ / ඒ තුන්වෙනි ධ්‍යානය ද උපදවාගෙන වාසය කරන්නේය. /

සුඛස්ස ච පහානා දුක්ඛස්ස ච පහානා / පුබ්බේව සෝමනස්ස-දෝමනස්සානං අත්ථංගමා / අදුක්ඛමසුඛං උපෙක්ඛාසතිපාරිසුද්ධිං/ චතුත්ථං ඣානං උපසම්පජ්ජ විහරති. / අයං වුච්චති භික්ඛවේ, සම්මාසමාධි. /

සැපය ද ප්‍රහාණය කිරීමෙන් / දුක ද ප්‍රහාණය කිරීමෙන් / පළමුවෙන් ම සොම්නස් දොම්නස් දෙක නැති කිරීමෙන් / දුක් රහිත වූ සැප රහිත වූ / පාරිශුද්ධ සිහියෙන් යුතු වූ උපේක්ෂාව ඇත්තා වූ / හතරවෙනි ධ්‍යානය උපදවාගෙන වාසය කරන්නේය. / පින්වත් මහණෙනි, / මෙය වනාහී සම්මා සමාධිය යැයි කියනු ලබන්නේ ය. /

ඉදං වුච්චති භික්ඛවේ, දුක්ඛනිරෝධගාමිනීපටිපදා අරියසච්චං.

පින්වත් මහණෙනි, / මෙය වනාහී දුක නිරුද්ධ වීම පිණිස පවතින ප්‍රතිපදාව නම් වූ / ආර්ය සත්‍යය යැයි කියනු ලබන්නේ ය. /

ඉති අජ්ඣත්තං වා ධම්මේසු ධම්මානුපස්සී විහරති. / බහිද්ධා වා ධම්මේසු ධම්මානුපස්සී විහරති. / අජ්ඣත්තබහිද්ධා වා ධම්මේසු ධම්මානුපස්සී විහරති. /

පින්වත් මහණෙනි, / මේ ආකාරයෙන් / තමා තුළ හෝ තිබෙන්නා වූ / චතුරාර්ය සත්‍ය ධර්මයන් පිළිබඳ / සැබෑ තත්වය අවබෝධයෙන් ම දකිමින් / ධම්මානුපස්සනාවෙන් වාසය කරයි. / අනුන් තුළ හෝ තිබෙන්නා වූ / චතුරාර්ය සත්‍ය ධර්මයන් පිළිබඳ / සැබෑ තත්වය අවබෝධයෙන් ම දකිමින් / ධම්මානුපස්සනාවෙන් වාසය කරයි. / තමාගේ චතුරාර්ය සත්‍ය ධර්මයන් පිළිබඳ හෝ / අනුන්ගේ චතුරාර්ය සත්‍ය ධර්මයන් පිළිබඳ හෝ / සැබෑ තත්වය අවබෝධයෙන් ම දකිමින්/ ධම්මානුපස්සනාවෙන් වාසය කරයි. /

සමුදයධම්මානුපස්සී වා ධම්මේසු විහරති. / වයධම්මානුපස්සී වා ධම්මේසු විහරති. / සමුදයවයධම්මානුපස්සී වා ධම්මේසු විහරති. /

මේ චතුරාර්ය සත්‍ය ධර්මයන් / හටගන්නා ආකාරය හෝ /

අවබෝධයෙන් ම දකිමින් / ධම්මානුපස්සනාවෙන් වාසය කරයි. / මේ චතුරාර්ය සත්‍ය ධර්මයන් / නැසීයන ආකාරය හෝ / අවබෝධයෙන් ම දකිමින් / ධම්මානුපස්සනාවෙන් වාසය කරයි. / මේ චතුරාර්ය සත්‍ය ධර්මයන් / හටගන්නා ආකාරය හෝ / නැසී යන ආකාරය හෝ / අවබෝධයෙන් ම දකිමින් / ධම්මානුපස්සනාවෙන් වාසය කරයි. /

අත්ථි ධම්මා'ති වා පනස්ස සති පච්චුපට්ඨිතා හෝති. / යාවදේව ඤාණමත්තාය පතිස්සතිමත්තාය / අනිස්සිතෝ ච විහරති. / න ච කිඤ්චි ලෝකේ උපාදියති. /

චතුරාර්ය සත්‍ය ධර්මයෝ හෝ ඇත්තාහ යයි / ඔහුගේ සිහි නුවණ මනාව පිහිටන්නේය / එය වනාහී ඔහු හට / තවදුරටත් අවබෝධ ඤාණය දියුණු කරගැනීම පිණිස ද / සිහිනුවණ බලවත් කරගැනීම පිණිස ද උපකාරී වෙයි. / ලෝකයෙහි කිසිවක් කිසිම අයුරකින් / මාගේ කියා හෝ මම වෙමි යි කියා හෝ / මාගේ ආත්මය කියා හෝ/ දැඩිව අල්ලා නොගෙන වාසය කරයි. /

ඒවම්පි ඛෝ භික්ඛවේ, භික්ඛු / ධම්මේසු ධම්මානුපස්සී විහරති, / චතූසු අරියසච්චේසු. /

ඔය ආකාරයෙනුත් පින්වත් මහණෙනි, / මේ ධර්මයෙහි හැසිරෙනු කැමති ශ්‍රාවකයා / මේ චතුරාර්ය සත්‍ය ධර්මයන් පිළිබඳ සැබෑ තත්වය/ අවබෝධයෙන් ම දකිමින් / ධම්මානුපස්සනා සතිපට්ඨානයෙන් යුතුව/ වාසය කරන්නේ වෙයි. /

(ධම්මානුපස්සනා සතිපට්ඨානය නිමා විය)

යෝ හි කෝචි භික්ඛවේ, ඉමේ චත්තාරෝ සතිපට්ඨානේ / ඒවං භාවෙය්‍ය සත්ත වස්සානි, / තස්ස ද්වින්නං ඵලානං අඤ්ඤතරං ඵලං පාටිකංඛං / දිට්ඨේ'ව ධම්මේ අඤ්ඤා, සති වා උපාදිසේසේ අනාගාමිතා. /

පින්වත් මහණෙනි, / යමෙක් වනාහී / මේ සතර සතිපට්ඨානයන් මේ ආකාරයෙන් / සත් වසරක් හෝ පුරුදු පුහුණු කරන්නේ නම් / මේ ජීවිතයේදී ම උතුම් වූ අර්හත්වය හෝ / කෙලෙස් ඉතිරි වුවහොත්

අනාගාමී බව හෝ යන / මේ දෙවැදෑරුම් ඵලයන්ගෙන් / එක්තරා ඵලයක් ලබාගැනීමට / ඔහු විසින් කැමතිවිය යුත්තේය. /

තිට්ඨන්තු භික්ඛවේ, සත්ත වස්සානි. / යෝ හි කෝචි භික්ඛවේ, ඉමේ චත්තාරෝ සතිපට්ඨානේ / ඒවං භාවෙය්‍ය ඡ වස්සානි, / තස්ස ද්වින්නං ඵලානං අඤ්ඤතරං ඵලං පාටිකංඛං / දිට්ඨේ'ව ධම්මේ අඤ්ඤා, සති වා උපාදිසේසේ අනාගාමිතා. /

පින්වත් මහණෙනි, / සත් වසරක් තිබේවා. / යමෙක් වනාහී/ අඩු ගණනේ සය වසරක් හෝ / මේ සතර සතිපට්ඨානයන් මේ ආකාරයෙන් / පුරුදු පුහුණු කරන්නේ නම් / මේ ජීවිතයේදී ම උතුම් වූ අර්හත්වය හෝ/ කෙලෙස් ඉතිරි වුවහොත් අනාගාමී බව හෝ යන / මේ දෙවැදෑරුම් ඵලයන්ගෙන් / එක්තරා ඵලයක් ලබාගැනීමට / ඔහු විසින් කැමතිවිය යුත්තේය. /

තිට්ඨන්තු භික්ඛවේ, ඡ වස්සානි. / යෝ හි කෝචි භික්ඛවේ, ඉමේ චත්තාරෝ සතිපට්ඨානේ / ඒවං භාවෙය්‍ය පඤ්ච වස්සානි, / තස්ස ද්වින්නං ඵලානං අඤ්ඤතරං ඵලං පාටිකංඛං / දිට්ඨේ'ව ධම්මේ අඤ්ඤා, සති වා උපාදිසේසේ අනාගාමිතා. /

පින්වත් මහණෙනි, / සය වසරක් තිබේවා. / යමෙක් වනාහී/ අඩු ගණනේ පස් වසරක් හෝ / මේ සතර සතිපට්ඨානයන් මේ ආකාරයෙන් / පුරුදු පුහුණු කරන්නේ නම් / මේ ජීවිතයේදී ම උතුම් වූ අර්හත්වය හෝ/ කෙලෙස් ඉතිරි වුවහොත් අනාගාමී බව හෝ යන / මේ දෙවැදෑරුම් ඵලයන්ගෙන් / එක්තරා ඵලයක් ලබාගැනීමට / ඔහු විසින් කැමතිවිය යුත්තේය. /

තිට්ඨන්තු භික්ඛවේ, පඤ්ච වස්සානි. / යෝ හි කෝචි භික්ඛවේ, ඉමේ චත්තාරෝ සතිපට්ඨානේ / ඒවං භාවෙය්‍ය චත්තාරි වස්සානි, / තස්ස ද්වින්නං ඵලානං අඤ්ඤතරං ඵලං පාටිකංඛං / දිට්ඨේ'ව ධම්මේ අඤ්ඤා, සති වා උපාදිසේසේ අනාගාමිතා. /

පින්වත් මහණෙනි, / පස් වසරක් තිබේවා. / යමෙක් වනාහී/ අඩු ගණනේ සිව් වසරක් හෝ / මේ සතර සතිපට්ඨානයන් මේ ආකාරයෙන් / පුරුදු පුහුණු කරන්නේ නම් / මේ ජීවිතයේදී ම උතුම් වූ අර්හත්වය හෝ / කෙලෙස් ඉතිරි වුවහොත් අනාගාමී බව හෝ යන/

මේ දෙවැදෑරුම් ඵලයන්ගෙන් / එක්තරා ඵලයක් ලබාගැනීමට / ඔහු විසින් කැමතිවිය යුත්තේය. /

තිට්ඨන්තු භික්ඛවේ, චත්තාරි වස්සානි. / යෝ හි කෝචි භික්ඛවේ, ඉමේ චත්තාරෝ සතිපට්ඨානේ / ඒවං භාවෙය්‍ය තීණි වස්සානි, / තස්ස ද්වින්නං ඵලානං අඤ්ඤතරං ඵලං පාටිකංඛං / දිට්ඨේ'ව ධම්මේ අඤ්ඤා, සති වා උපාදිසේසේ අනාගාමිතා. /

පින්වත් මහණෙනි, / සිව් වසරක් තිබේවා. / යමෙක් වනාහී/ අඩු ගණනේ තුන් වසරක් හෝ / මේ සතර සතිපට්ඨානයන් මේ ආකාරයෙන්/ පුරුදු පුහුණු කරන්නේ නම් / මේ ජීවිතයේදී ම උතුම් වූ අර්හත්වය හෝ/ කෙලෙස් ඉතිරි වුවහොත් අනාගාමී බව හෝ යන / මේ දෙවැදෑරුම් ඵලයන්ගෙන් / එක්තරා ඵලයක් ලබාගැනීමට / ඔහු විසින් කැමතිවිය යුත්තේය. /

තිට්ඨන්තු භික්ඛවේ, තීණි වස්සානි. / යෝ හි කෝචි භික්ඛවේ, ඉමේ චත්තාරෝ සතිපට්ඨානේ / ඒවං භාවෙය්‍ය ද්වේ වස්සානි, / තස්ස ද්වින්නං ඵලානං අඤ්ඤතරං ඵලං පාටිකංඛං / දිට්ඨේ'ව ධම්මේ අඤ්ඤා, සති වා උපාදිසේසේ අනාගාමිතා. /

පින්වත් මහණෙනි, / තුන් වසරක් තිබේවා. / යමෙක් වනාහී / අඩු ගණනේ දෙවසරක් හෝ / මේ සතර සතිපට්ඨානයන් මේ ආකාරයෙන් / පුරුදු පුහුණු කරන්නේ නම් / මේ ජීවිතයේදී ම උතුම් වූ අර්හත්වය හෝ/ කෙලෙස් ඉතිරි වුවහොත් අනාගාමී බව හෝ යන / මේ දෙවැදෑරුම් ඵලයන්ගෙන් / එක්තරා ඵලයක් ලබාගැනීමට / ඔහු විසින් කැමතිවිය යුත්තේය. /

තිට්ඨන්තු භික්ඛවේ, ද්වේ වස්සානි. / යෝ හි කෝචි භික්ඛවේ, ඉමේ චත්තාරෝ සතිපට්ඨානේ / ඒවං භාවෙය්‍ය ඒකං වස්සං, / තස්ස ද්වින්නං ඵලානං අඤ්ඤතරං ඵලං පාටිකංඛං / දිට්ඨේ'ව ධම්මේ අඤ්ඤා, සති වා උපාදිසේසේ අනාගාමිතා. /

පින්වත් මහණෙනි, / දෙවසරක් තිබේවා. / යමෙක් වනාහී / අඩු ගණනේ එක වසරක් හෝ / මේ සතර සතිපට්ඨානයන් මේ ආකාරයෙන් / පුරුදු පුහුණු කරන්නේ නම් / මේ ජීවිතයේදී ම උතුම් වූ අර්හත්වය හෝ/ කෙලෙස් ඉතිරි වුවහොත් අනාගාමී බව හෝ යන / මේ දෙවැදෑරුම්

ඵලයන්ගෙන් / එක්තරා ඵලයක් ලබාගැනීමට / ඔහු විසින් කැමතිවිය යුත්තේය. /

තිට්ඨතු භික්ඛවේ, ඒකං වස්සං. / යෝ හි කෝචි භික්ඛවේ, ඉමේ චත්තාරෝ සතිපට්ඨානේ / ඒවං භාවෙය්‍ය සත්ත මාසානි, / තස්ස ද්වින්නං ඵලානං අඤ්ඤතරං ඵලං පාටිකංඛං / දිට්ඨේ'ව ධම්මේ අඤ්ඤා, සති වා උපාදිසේසේ අනාගාමිතා. /

පින්වත් මහණෙනි, / එක වසරක් තිබේවා. / යමෙක් වනාහී / අඩු ගණනේ සත් මසක් හෝ / මේ සතර සතිපට්ඨානයන් මේ ආකාරයෙන් / පුරුදු පුහුණු කරන්නේ නම් / මේ ජීවිතයේදී ම උතුම් වූ අර්හත්වය හෝ/ කෙලෙස් ඉතිරි වුවහොත් අනාගාමී බව හෝ යන / මේ දෙවැදෑරුම් ඵලයන්ගෙන් / එක්තරා ඵලයක් ලබාගැනීමට / ඔහු විසින් කැමතිවිය යුත්තේය. /

තිට්ඨන්තු භික්ඛවේ, සත්ත මාසානි. / යෝ හි කෝචි භික්ඛවේ, ඉමේ චත්තාරෝ සතිපට්ඨානේ / ඒවං භාවෙය්‍ය ඡ මාසානි, / තස්ස ද්වින්නං ඵලානං අඤ්ඤතරං ඵලං පාටිකංඛං / දිට්ඨේ'ව ධම්මේ අඤ්ඤා, සති වා උපාදිසේසේ අනාගාමිතා. /

පින්වත් මහණෙනි, / සත් මසක් තිබේවා / යමෙක් වනාහී / අඩු ගණනේ සය මසක් හෝ / මේ සතර සතිපට්ඨානයන් මේ ආකාරයෙන් / පුරුදු පුහුණු කරන්නේ නම් / මේ ජීවිතයේදී ම උතුම් වූ අර්හත්වය හෝ/ කෙලෙස් ඉතිරි වුවහොත් අනාගාමී බව හෝ යන / මේ දෙවැදෑරුම් ඵලයන්ගෙන් / එක්තරා ඵලයක් ලබාගැනීමට / ඔහු විසින් කැමතිවිය යුත්තේය. /

තිට්ඨන්තු භික්ඛවේ, ඡ මාසානි. / යෝ හි කෝචි භික්ඛවේ, ඉමේ චත්තාරෝ සතිපට්ඨානේ / ඒවං භාවෙය්‍ය පඤ්ච මාසානි, / තස්ස ද්වින්නං ඵලානං අඤ්ඤතරං ඵලං පාටිකංඛං / දිට්ඨේ'ව ධම්මේ අඤ්ඤා, සති වා උපාදිසේසේ අනාගාමිතා. /

පින්වත් මහණෙනි, / සය මසක් තිබේවා / යමෙක් වනාහී / අඩු ගණනේ පස් මසක් හෝ / මේ සතර සතිපට්ඨානයන් මේ ආකාරයෙන් / පුරුදු පුහුණු කරන්නේ නම් / මේ ජීවිතයේදී ම උතුම් වූ අර්හත්වය හෝ/ කෙලෙස් ඉතිරි වුවහොත් අනාගාමී බව හෝ යන / මේ දෙවැදෑරුම්

ඵලයන්ගෙන් / එක්තරා ඵලයක් ලබාගැනීමට / ඔහු විසින් කැමතිවිය යුත්තේය. /

තිට්ඨන්තු භික්ඛවේ, පඤ්ච මාසානි. / යෝ හි කෝචි භික්ඛවේ, ඉමේ චත්තාරෝ සතිපට්ඨානේ / ඒවං භාවෙය්‍ය චත්තාරි මාසානි, / තස්ස ද්වින්නං ඵලානං අඤ්ඤතරං ඵලං පාටිකංඛං / දිට්ඨේ’ව ධම්මේ අඤ්ඤා, සති වා උපාදිසේසේ අනාගාමිතා. /

පින්වත් මහණෙනි, / පස් මසක් තිබේවා. / යමෙක් වනාහී / අඩු ගණනේ සිව් මසක් හෝ / මේ සතර සතිපට්ඨානයන් මේ ආකාරයෙන් / පුරුදු පුහුණු කරන්නේ නම් / මේ ජීවිතයේදී ම උතුම් වූ අර්හත්වය හෝ/ කෙලෙස් ඉතිරි වුවහොත් අනාගාමී බව හෝ යන / මේ දෙවැදෑරුම් ඵලයන්ගෙන් / එක්තරා ඵලයක් ලබාගැනීමට / ඔහු විසින් කැමතිවිය යුත්තේය. /

තිට්ඨන්තු භික්ඛවේ, චත්තාරි මාසානි. / යෝ හි කෝචි භික්ඛවේ, ඉමේ චත්තාරෝ සතිපට්ඨානේ / ඒවං භාවෙය්‍ය තීණි මාසානි, / තස්ස ද්වින්නං ඵලානං අඤ්ඤතරං ඵලං පාටිකංඛං / දිට්ඨේ’ව ධම්මේ අඤ්ඤා, සති වා උපාදිසේසේ අනාගාමිතා. /

පින්වත් මහණෙනි, / සිව් මසක් තිබේවා. / යමෙක් වනාහී / අඩු ගණනේ තුන් මසක් හෝ / මේ සතර සතිපට්ඨානයන් මේ ආකාරයෙන් / පුරුදු පුහුණු කරන්නේ නම් / මේ ජීවිතයේදී ම උතුම් වූ අර්හත්වය හෝ/ කෙලෙස් ඉතිරි වුවහොත් අනාගාමී බව හෝ යන / මේ දෙවැදෑරුම් ඵලයන්ගෙන් / එක්තරා ඵලයක් ලබාගැනීමට / ඔහු විසින් කැමතිවිය යුත්තේය. /

තිට්ඨන්තු භික්ඛවේ, තීණි මාසානි. / යෝ හි කෝචි භික්ඛවේ, ඉමේ චත්තාරෝ සතිපට්ඨානේ / ඒවං භාවෙය්‍ය ද්වේ මාසානි, / තස්ස ද්වින්නං ඵලානං අඤ්ඤතරං ඵලං පාටිකංඛං / දිට්ඨේ’ව ධම්මේ අඤ්ඤා, සති වා උපාදිසේසේ අනාගාමිතා. /

පින්වත් මහණෙනි, / තුන් මසක් තිබේවා. / යමෙක් වනාහී / අඩු ගණනේ දෙමසක් හෝ / මේ සතර සතිපට්ඨානයන් මේ ආකාරයෙන් / පුරුදු පුහුණු කරන්නේ නම් / මේ ජීවිතයේදී ම උතුම් වූ අර්හත්වය හෝ/ කෙලෙස් ඉතිරි වුවහොත් අනාගාමී බව හෝ යන / මේ දෙවැදෑරුම්

එලයන්ගෙන් / එක්තරා එලයක් ලබාගැනීමට / ඔහු විසින් කැමතිවිය
යුත්තේය. /

** තිට්ඨන්තු හික්ඛවේ, ද්වේ මාසානි. / යෝ හි කෝචි හික්ඛවේ, ඉමේ
වත්තාරෝ සතිපට්ඨානේ / ඒවං භාවෙය්‍ය මාසෝ / තස්ස ද්වින්නං
එලානං අඤ්ඤතරං එලං පාටිකංඛං / දිට්ඨේ'ව ධම්මේ අඤ්ඤා, සති
වා උපාදිසේසේ අනාගාමිතා. /**

පින්වත් මහණෙනි, / දෙමසක් තිබේවා. / යමෙක් වනාහී / අඩු
ගණනේ මාසයක් හෝ / මේ සතර සතිපට්ඨානයන් මේ ආකාරයෙන් /
පුරුදු පුහුණු කරන්නේ නම් / මේ ජීවිතයේදී ම උතුම් වූ අර්හත්වය හෝ/
කෙලෙස් ඉතිරි වුවහොත් අනාගාමී බව හෝ යන / මේ දෙවැදෑරුම්
එලයන්ගෙන් / එක්තරා එලයක් ලබාගැනීමට / ඔහු විසින් කැමතිවිය
යුත්තේය. /

**තිට්ඨතු හික්ඛවේ, මාසෝ. / යෝ හි කෝචි හික්ඛවේ, ඉමේ
වත්තාරෝ සතිපට්ඨානේ / ඒවං භාවෙය්‍ය අඩ්ඪමාසෝ, / තස්ස ද්වින්නං
එලානං අඤ්ඤතරං එලං පාටිකංඛං / දිට්ඨේ'ව ධම්මේ අඤ්ඤා, සති
වා උපාදිසේසේ අනාගාමිතා. /**

පින්වත් මහණෙනි, / මාසයක් තිබේවා. / යමෙක් වනාහී / අඩු
ගණනේ අඩමසක් හෝ / මේ සතර සතිපට්ඨානයන් මේ ආකාරයෙන් /
පුරුදු පුහුණු කරන්නේ නම් / මේ ජීවිතයේදී ම උතුම් වූ අර්හත්වය හෝ/
කෙලෙස් ඉතිරි වුවහොත් අනාගාමී බව හෝ යන / මේ දෙවැදෑරුම්
එලයන්ගෙන් / එක්තරා එලයක් ලබාගැනීමට / ඔහු විසින් කැමතිවිය
යුත්තේය. /

**තිට්ඨතු හික්ඛවේ, අඩ්ඪමාසෝ. / යෝ හි කෝචි හික්ඛවේ, ඉමේ
වත්තාරෝ සතිපට්ඨානේ / ඒවං භාවෙය්‍ය සත්තාහං, / තස්ස ද්වින්නං
එලානං අඤ්ඤතරං එලං පාටිකංඛං / දිට්ඨේ'ව ධම්මේ අඤ්ඤා, සති
වා උපාදිසේසේ අනාගාමිතා'ති. /**

පින්වත් මහණෙනි, / අඩමසක් තිබේවා. / යමෙක් වනාහී / අඩු
ගණනේ සත් දිනක් හෝ / මේ සතර සතිපට්ඨානයන් මේ ආකාරයෙන්/
පුරුදු පුහුණු කරන්නේ නම් / මේ ජීවිතයේදී ම උතුම් වූ අර්හත්වය හෝ/
කෙලෙස් ඉතිරි වුවහොත් අනාගාමී බව හෝ යන / මේ දෙවැදෑරුම්

ඵලයන්ගෙන් / එක්තරා ඵලයක් ලබාගැනීමට / ඔහු විසින් කැමතිවිය යුත්තේය. /

ඒකායනෝ අයං භික්ඛවේ, මග්ගෝ / සත්තානං විසුද්ධියා / සෝකපරිද්දවානං සමතික්කමාය / දුක්ඛදෝමනස්සානං අත්ථංගමාය/ ඤායස්ස අධිගමාය / නිබ්බානස්ස සච්ඡිකිරියාය, / යදිදං චත්තාරෝ සතිපට්ඨානා'ති / ඉති යන්තං වුත්තං ඉදමේතං පටිච්ච වුත්තන්ති. /

පින්වත් මහණෙනි, / සතර සතිපට්ඨාන යනුවෙන් යම් මේ ධර්මයක් ඇද්ද / මෙය වනාහී / සත්වයන්ගේ පිරිසිදු බව පිණිස ද, / සෝක වැලපීම් ඉක්මවා යාම පිණිස ද, / කායික මානසික දුක් දොම්නස් නැතිවීම පිණිස ද, / ආර්ය අෂ්ටාංගික මාර්ගයට පැමිණීම පිණිස ද,/ අමා මහ නිවන සාක්ෂාත් කිරීම පිණිස ද, / පවතින්නා වූ ඒකායන විමුක්ති මාර්ගය වශයෙන් / යමක් පිළිබඳව පවසන ලද්දේ ද / මා විසින් එය පවසන ලද්දේ මෙකරුණ උදෙසා ය.

ඉදමවෝච භගවා. / අත්තමනා තේ භික්ඛූ / භගවතෝ භාසිතං අභිනන්දුන්ති. /

භාග්‍යවතුන් වහන්සේ / මේ සතිපට්ඨාන සද්ධර්ම දේශනය වදාළ සේක. / එයට සවන්දුන් භික්ෂූන් වහන්සේලා / භාග්‍යවතුන් වහන්සේ විසින් වදාරන ලද / මේ අමා නිවන් මඟ / සාදු නාද නංවමින් / ඉතා සතුටින් පිළිගත්තාහුය. /

මහා සතිපට්ඨාන සුත්තං නිට්ඨිතං
(මහා සතිපට්ඨාන සූත්‍රය නිමා විය)

ඒතේන සච්චවජ්ජේන සොත්ථි තේ හෝතු සබ්බදා !
මේ සත්‍ය වචනයේ ආනුභාවයෙන් හැම කල්හී ම ඔබට සෙත් වේවා !

ඒතේන සච්චවජ්ජේන සබ්බරෝගෝ විනස්සතු !
මේ සත්‍ය වචනයේ ආනුභාවයෙන් සියලු රෝ දුක් දුරු වේවා !

ඒතේන සච්චවජ්ජේන හෝතු තේ ජයමංගලං !
මේ සත්‍ය වචනයේ ආනුභාවයෙන් ඔබට ජයමංගල්‍ය වේවා !

සාදු! සාදු!! සාදු!!!

www.ingramcontent.com/pod-product-compliance
Lightning Source LLC
Chambersburg PA
CBHW070527030426
42337CB00016B/2131